SAMMLUNG GÖSCHEN BAND 120

STATIK DER BAUKONSTRUKTIONEN

II

STATISCH BESTIMMTE STABWERKE

von

DR.-ING. ALFRED TEICHMANN
o. Professor der Technischen Universität Berlin

Mit 52 Bildern und 7 Formeltafeln

WALTER DE GRUYTER & CO.
vormals G. J. Göschen'sche Verlagshandlung · J. Guttentag,
Verlagsbuchhandlung · Georg Reimer · Karl J. Trübner · Veit & Comp.
BERLIN 1957

Für freundliche Unterstützung dankt
Herrn Oberingenieur Dipl.-Ing. G. Pohlmann
der Verfasser

Satz: Walter de Gruyter & Co., Berlin W 35. Druck: Paul Funk, Berlin W 35
Printed in Germany

Inhalt

Seite

IV. Schnittkräfte u. Schnittmomente (Schnittlasten)

A. Allgemeines 4

B. Fachwerk 16

1. Vorbemerkungen 16
2. Statisch bestimmtes Gelenkfachwerk 17
3. Zur Anwendung der Fachwerksgleichungen . . . 26
4. Verwendung von Teilfachwerken 30
5. Einflußlinien 35
6. Verwendung von Ersatzfachwerken 39
7. Abspaltung von Zwischenfachwerken 42
8. Zerlegung in Scheiben 49

C. Andere Stabwerke 55

D. Anwendung des Prinzips der virtuellen Verrückungen 62

V. Formänderung

A. Grundverformungen 64

B. Ermittlung von einzelnen Verschiebungsgrößen . . 67

1. Allgemeine Beziehungen 67
2. Einflußlinien 86

C. Biegelinie 88

D. Der Formänderungszustand 92

1. Allgemeine Beziehungen 92
2. Ebener Stabzug 98
3. Räumliches Fachwerk 99
4. Ebenes Fachwerk 100

Sachverzeichnis 106

Inhalt des dritten Bandes (Statisch unbestimmte Stabwerke): VI. Vollständige Schnittlasten u. Verschiebungen, elastische Stabilität. — VII. Schnittlastenmethode. — VIII. Der eingespannte Stab im ebenen Stabwerk. — IX. Formänderungsmethode.

Inhalt des ersten Bandes (Grundlagen): I. Fesselung. — II. Gleichgewicht. — III. Stab.

IV. Schnittkräfte und Schnittmomente (Schnittlasten)

A. Allgemeines

1. Vorbemerkungen

Eine aus Stäben aufgebaute Konstruktion (s. z. B. Bild 1) wird Stabwerk genannt. Auch ein „Stabzug" – z. B. ein durch ein Sehnenpolygon ersetzt gedachter krummer Stab – kann als Stabwerk aufgefaßt werden. Der Einfachheit halber

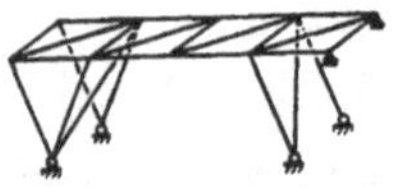

Bild 1. Stabwerk

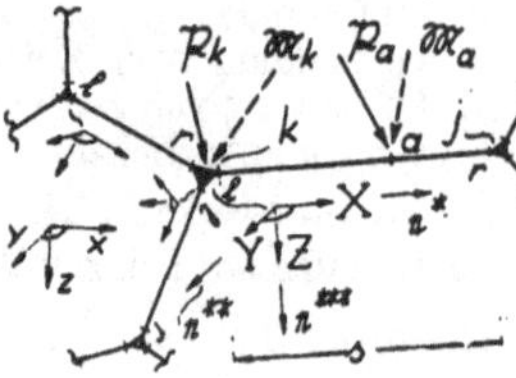

Bild 2. Bezeichnungen

wird unterstellt, die einzelnen Stäbe des Stabwerks seien gerade und im einzelnen Stab seien die beiden Hauptträgheitsachsen in jeder Querschnittsfläche parallel denen in einer beliebig herausgegriffenen Querschnittsfläche desselben Stabes.

Unabhängig von einem Koordinatensystem x, y, z wird jedem Stab ein eigenes Koordinatensystem X, Y, Z zugeordnet (s. Bild 2), dessen Ursprung am einen Ende „l" des Stabes liegt, dessen Achse X mit ihrem positiven Ast durch das andere Stab-Ende „r" geht und dessen Achsen Y, Z parallel den Hauptträgheitsachsen der Stab-Querschnittsflächen sind. Die Einheitsvektoren der Richtungen X, Y, Z werden mit e^*, e^{**}, e^{***} bezeichnet (vgl. III C 1 a).

Die Stellen des Stabwerks, an denen Stäbe zusammentreffen, heißen „Knoten“ und werden im folgenden als (kleine) materielle Gebilde aufgefaßt, an denen die zusammentreffenden Stäbe angeschlossen seien. Bedarfsweise werden sie – unabhängig von den Bezeichnungen l bzw. r der an ihnen liegenden Stab-Enden – mit $k, j, \ldots$ bezeichnet (s. Bild 2).

Zunächst wird unterstellt, das belastete Stabwerk habe noch dieselbe Gestalt wie ursprünglich im unbelasteten Zustand. (Das gilt für Kap. IV und V, nicht für Kap. VI.)

2. Stäbe und Knoten

a) Stabgleichungen

Die Stäbe eines Stabwerks sind normalerweise an ihren beiden Enden l und r steif mit Nachbarstäben verbunden, also sowohl bei l als auch bei r mit je 6 Fesseln an den dort liegenden Knoten angeschlossen zu denken; diese Fesseln seien parallel X, Y, Z eingeführt.

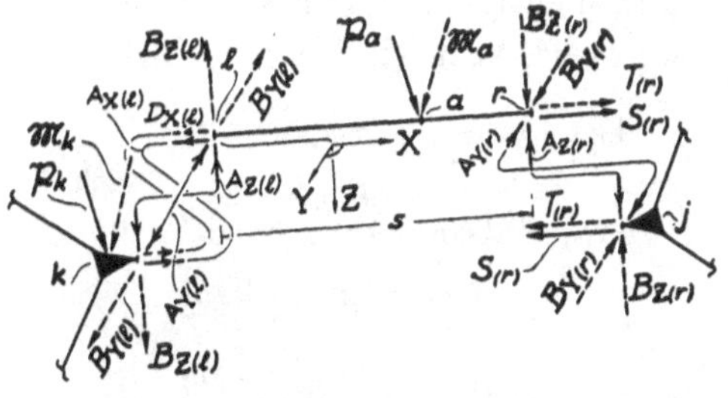

Bild 3. End-Schnittlasten und verbliebene Fessellasten

Von den $2 \cdot 6 = 12$ Fesseln des einzelnen Stabes seien zunächst sechs zerschnitten (s. Bild 3), so daß eine Fesselung wie bei einem Elementarstab (vgl. III B 1a) übrig bleibt. Als Ersatz für die zerschnittenen Fesseln seien die in ihnen wirkenden Schnittlasten mit zunächst unbekannten Beträgen

$$B_{Y(l)},\ B_{Z(l)},\ B_{Y(r)},\ B_{Z(r)},\ T_{(r)},\ S_{(r)} \tag{1}$$

– im folgenden „End-Schnittlasten" genannt – angebracht. Dann ist der einzelne Stab $l—r$ als ein Elementarstab aufzufassen, an dem – neben den ihm eingeprägten Lasten $\mathfrak{P}_a$, $\mathfrak{M}_a$ – noch weitere Lasten mit folgenden (zunächst unbekannten) Beträgen wirken (s. Bild 3):

$$\begin{aligned} M_{Y(l)} &= -B_{Y(l)}, & M_{Z(l)} &= -B_{Z(l)}, & M_{Y(r)} &= B_{Y(r)}, \\ M_{Z(r)} &= B_{Z(r)}, & M_{X(r)} &= T_{(r)}, & P_{X(r)} &= S_{(r)}, \end{aligned} \tag{2}$$

im folgenden „End-Lasten" genannt.

Die in den verbliebenen Fesseln auftretenden Fessellasten (s. Bild 3)

$$A_{X(l)},\ A_{Y(l)},\ A_{Z(l)},\ A_{Y(r)},\ A_{Z(r)},\ D_{X(l)} \tag{3}$$

setzen sich aus je 2 Anteilen zusammen, nämlich
aus Anteilen $\overset{!}{A}_{X(l)}$, $\overset{!}{A}_{Y(l)}$, $\cdots \overset{!}{D}_{X(l)}$ infolge der dem Stab eingeprägten Lasten $\mathfrak{P}_a$, $\mathfrak{M}_a$
und aus Anteilen infolge der End-Lasten lt. Gl. 2.

Dementsprechend kann (s. Bd. I, Gl. 51) geschrieben werden:

$$\begin{aligned} A_{X(l)} &= \overset{!}{A}_{X(l)} + S_{(r)}, \\ A_{Y(l)} &= \overset{!}{A}_{Y(l)} - \frac{B_{Z(r)} - B_{Z(l)}}{s}, \\ A_{Z(l)} &= \overset{!}{A}_{Z(l)} + \frac{B_{Y(r)} - B_{Y(l)}}{s}, \\ A_{Y(r)} &= \overset{!}{A}_{Y(r)} + \frac{B_{Z(r)} - B_{Z(l)}}{s}, \\ A_{Z(r)} &= \overset{!}{A}_{Z(r)} - \frac{B_{Y(r)} - B_{Y(l)}}{s}, \\ D_{X(l)} &= \overset{!}{D}_{X(l)} + T_{(r)}, \end{aligned} \tag{4}$$

„Stabgleichungen".

Die Anteile $A^!_{X(l)}, A^!_{Y(l)}, \ldots$ sind als **bekannte** Größen anzusehen (berechnet nach Bd. I, Gl. 51).

Oft enthält ein Stabwerk auch Stäbe, die nur an **einem** Ende r **oder** l angeschlossen sind (s. Bild 4), also Kragträger (s. Bd. I, S. 73) darstellen. Die an der Anschlußstelle eines solchen Stabes auftretenden Fessellasten

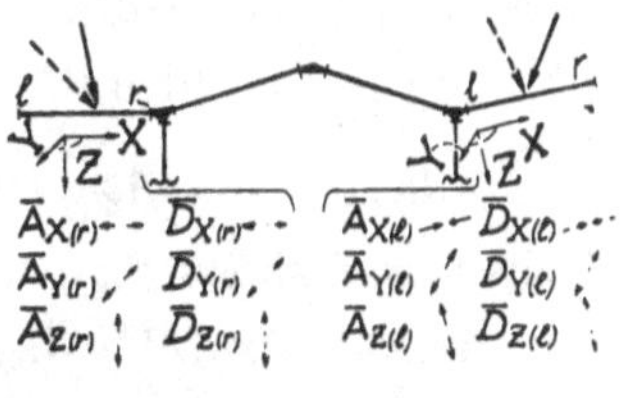

Bild 4. Stabwerk mit Kragträgern

$$\bar{A}^!_{X(r)},\ \bar{A}^!_{Y(r)},\ \bar{A}^!_{Z(r)},\ \bar{D}^!_{X(r)},\ \bar{D}^!_{Y(r)},\ \bar{D}^!_{Z(r)} \qquad (5\,\text{a})$$

bzw.

$$\bar{A}^!_{X(l)},\ \bar{A}^!_{Y(l)},\ \bar{A}^!_{Z(l)},\ \bar{D}^!_{X(l)},\ \bar{D}^!_{Y(l)},\ \bar{D}^!_{Z(l)} \qquad (5\,\text{b})$$

sind ebenfalls als bekannte Größen anzusehen (vgl. Bd. I, S. 73, berechnet nach Gl. 61 bzw. 62).

b) Knotengleichungen

Um die Gleichgewichtsbedingungen der einzelnen **Knoten** anschreiben zu können und damit Gleichungen zur Berechnung von $B_{Y(l)}, B_{Z(l)}, \ldots S_{(r)}$ zu gewinnen, seien nun auch noch die **verbliebenen** Fesseln an den Enden der Stäbe zerschnitten und seien zum Ersatz auch die in **diesen** Fesseln wirkenden Fessellasten angebracht (s. Bild 5). Dann erscheinen die einzelnen Knoten k als selbständige (herausgeschnittene) Gebilde, an denen folgende Lasten wirken:

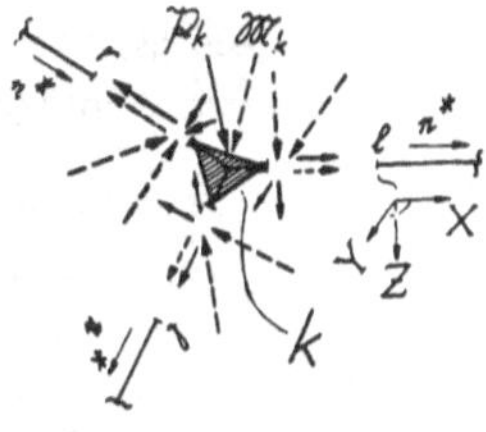

Bild 5. Lasten am herausgeschnittenen Knoten

α) die betr. End-Schnittlasten lt. (1), d. s. Vektoren

$$B_{Y(l)}\,\mathfrak{e}^{**},\; B_{Z(l)}\,\mathfrak{e}^{***}$$

bzw.

$$-B_{Y(r)}\,\mathfrak{e}^{**},\; -B_{Z(r)}\,\mathfrak{e}^{***},\; -T_{(r)}\,\mathfrak{e}^{*},\; -S_{(r)}\,\mathfrak{e}^{*};$$

β) die betr. Stab-Fessellasten (Aktionen), d. s. Vektoren

$A_{X(l)}\,\mathfrak{e}^{*},\; A_{Y(l)}\,\mathfrak{e}^{**},\; A_{Z(l)}\,\mathfrak{e}^{***},\; D_{X(l)}\,\mathfrak{e}^{*}$ lt. Gl. 4

und ggf. $\overline{A}_{X(l)}\,\mathfrak{e}^{*},\; \overline{A}_{Y(l)}\,\mathfrak{e}^{**}, \cdots \overline{D}_{Z(l)}\,\mathfrak{e}^{***}$ lt. Gl. 5b

bzw. $A_{Y(r)}\,\mathfrak{e}^{**},\; A_{Z(r)}\,\mathfrak{e}^{***}$ lt. Gl. 4

und ggf. $\overline{A}_{X(r)}\,\mathfrak{e}^{*},\; \overline{A}_{Y(r)}\,\mathfrak{e}^{**}, \cdots \overline{D}_{Z(r)}\,\mathfrak{e}^{***}$ lt. Gl. 5a;

γ) ggf. die den Knoten unmittelbar eingeprägten (und nicht schon in den Stab-Fessellasten, s. β, berücksichtigten) Lasten $\mathfrak{P}_k$ und $\mathfrak{M}_k$ [1]).

Indem entsprechend Bd. I, Kap. II D, die Gleichgewichtsbedingungen eines so belasteten Knotens k angeschrieben werden, ergeben sich (unter Berücksichtigung der Stabgleichungen 4) die Gleichungen 6a und 6b lt. Tafel 1. Diese Gleichungen ergeben — in Komponenten bezüglich x, y, z angeschrieben — für jeden Knoten $2 \cdot 3 = 6$ skalare Gleichungen „$P_{x(k)}$“, „$P_{y(k)}$“, „$P_{z(k)}$“, $\cdots$ „$M_{z(k)}$“, die „Knotengleichungen“.

Die — wie $\mathfrak{P}_k$ und $\mathfrak{M}_k$ — bekannten Kräfte (Aktionskräfte) und Momente (Aktionsmomente) vom Betrage

$$\overset{!}{A}_{X(l)},\; \overset{!}{A}_{Y(l)},\; \overset{!}{A}_{Z(l)},\; \overset{!}{D}_{X(l)}$$

und ggf. $\overline{\overset{!}{A}}_{X(l)},\; \overline{\overset{!}{A}}_{Y(l)}, \ldots \overline{\overset{!}{D}}_{Z(l)}$

bzw. $\overset{!}{A}_{Y(r)},\; \overset{!}{A}_{Z(r)}$

und ggf. $\overline{\overset{!}{A}}_{X(r)},\; \overline{\overset{!}{A}}_{Y(r)}, \ldots \overline{\overset{!}{D}}_{Z(r)}$

[1]) Falls einem Knoten k mehrere Kräfte bzw. Momente unmittelbar eingeprägt sind, bedeute $\mathfrak{P}_k$ deren resultierende Kraft, $\mathfrak{M}_k$ deren resultierendes Moment.

$$
\begin{aligned}
&\Sigma^{l}\left\{ S_{(r)}\mathfrak{n}^{*} - \frac{B_{Z(r)} - B_{Z(l)}}{s}\,\mathfrak{n}^{**} + \frac{B_{Y(r)} - B_{Y(l)}}{s}\,\mathfrak{n}^{***} \right\} \\
-&\Sigma^{r}\left\{ S_{(r)}\mathfrak{n}^{*} - \frac{B_{Z(r)} - B_{Z(l)}}{s}\,\mathfrak{n}^{**} + \frac{B_{Y(r)} - B_{Y(l)}}{s}\,\mathfrak{n}^{***} \right\} \\
+&\Sigma^{l}\left\{ A'_{X(l)}\mathfrak{n}^{*} + A'_{Y(l)}\mathfrak{n}^{**} + A'_{Z(l)}\mathfrak{n}^{***} \right\} + \bar{\Sigma}^{l}\left\{ \bar{A}'_{X(l)}\mathfrak{n}^{*} + \bar{A}'_{Y(l)}\mathfrak{n}^{**} + \bar{A}'_{Z(l)}\mathfrak{n}^{***} \right\} \\
+&\Sigma^{r}\left\{ \diagup \quad + A'_{Y(r)}\mathfrak{n}^{**} + A'_{Z(r)}\mathfrak{n}^{***} \right\} + \bar{\Sigma}^{r}\left\{ \bar{A}'_{X(r)}\mathfrak{n}^{*} + \bar{A}'_{Y(r)}\mathfrak{n}^{**} + \bar{A}'_{Z(l)}\mathfrak{n}^{***} \right\} \\
+&\mathfrak{P}_{k} \qquad = 0;
\end{aligned}
$$

$$
\begin{aligned}
+&\Sigma^{l}\left\{ T_{(r)}\mathfrak{n}^{*} + B_{Y(l)}\mathfrak{n}^{**} + B_{Z(l)}\mathfrak{n}^{***} \right\} \\
-&\Sigma^{r}\left\{ T_{(r)}\mathfrak{n}^{*} + B_{Y(r)}\mathfrak{n}^{**} + B_{Z(r)}\mathfrak{n}^{***} \right\} \\
+&\Sigma^{l} D'_{X(l)}\mathfrak{n}^{*} \quad + \bar{\Sigma}^{l}\left\{ \bar{D}'_{X(l)}\mathfrak{n}^{*} + \bar{D}'_{Y(l)}\mathfrak{n}^{**} + \bar{D}'_{Z(l)}\mathfrak{n}^{***} \right\} \\
&\diagup \qquad\qquad + \bar{\Sigma}^{r}\left\{ \bar{D}'_{X(r)}\mathfrak{n}^{*} + \bar{D}'_{Y(r)}\mathfrak{n}^{**} + \bar{D}'_{Z(r)}\mathfrak{n}^{***} \right\} \\
+&\mathfrak{M}_{k} \qquad = 0;
\end{aligned}
$$

Σ^{l} bzw $\bar{\Sigma}^{l}$ erstreckt über diejenigen beiderseitig bzw nur einseitig angeschlossenen Stäbe, deren Ende l am Knoten k liegt;

Σ^{r} bzw. $\bar{\Sigma}^{r}$ erstreckt über diejenigen beiderseitig bzw nur einseitig angeschlossenen Stäbe, deren Ende r am Knoten k liegt.

Tafel 1. Knotengleichungen in vektorieller Schreibweise (Gleichungen 6a und 6b)

werden im folgenden als die dem Knoten k „zugewiesenen Kräfte und Momente“ oder „zugewiesenen Lasten“ bezeichnet.

c) Nebenbedingungen

α) Triviale Nebenbedingungen (vgl. Bd. I, Bild 10)

Liegt am Ende l eines beiderseitig angeschlossenen Stabes ein Zylindergelenk, dessen Achse parallel Y od. Z ist,

oder liegt an seinem Ende r

ein Zylindergelenk, dessen Achse parallel X od. Y od. Z ist,
oder eine Wegverschieblichkeit parallel X,

so ist daselbst

$$B_{Y(l)} \text{ od. } B_{Z(l)} \text{ od. } B_{Y(r)} \text{ od. } B_{Z(r)} \text{ od. } T_{(r)} \text{ od. } S_{(r)} \qquad (7)$$

gleich Null zu setzen: „triviale Nebenbedingungen".

Solches gilt z. B. bei einer Anordnung nach Bild 6a für den rechts vom Gelenk liegenden Stab, falls der Knoten k unmittelbar links neben dem Gelenk angenommen wird (s. Bild 6c), — oder für den links vom Gelenk liegenden Stab, falls der Knoten k unmittelbar rechts neben dem Gelenk angenommen wird (s. Bild 6b).

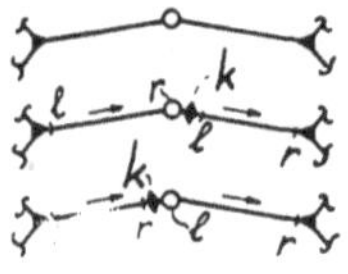

Bild 6
Triviale Nebenbedingungen

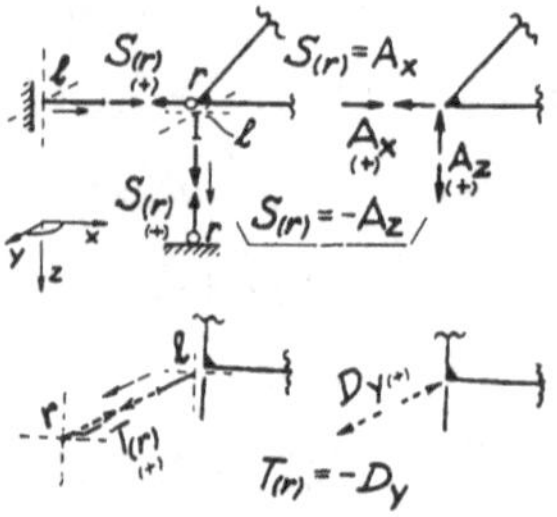

Bild 7. Fesselstäbe

Triviale Nebenbedingungen liegen insbesondere bei den sog. „Fesselstäben" lt. Bild 7 vor; d. s. Stäbe, die oft vorteilhaft angenommen werden, um die Lagerung des ganzen Stabwerks am Erdboden (oder an anderen Konstruktionen) zu veranschaulichen (s. Bd. I, S. 13 u. S. 34f.), oder die tatsächlich vorhanden sind, z. B. in Gestalt von Pendelstützen:

Bei einem Weg-Fesselstab $l—r$, der lt. Bild 7 mit einem Kreuzgelenk in l, mit einem Kugelgelenk in r angeschlossen gedacht sei (s. auch Bd. I, Bild 9), sind $B_{Y(l)}$, $B_{Z(l)}$, $B_{Y(r)}$, $B_{Z(r)}$, $T_{(r)}$ gleich Null zu setzen;

bei einem Dreh-Fesselstab $l—r$, der lt. Bild 7 beiderseitig mit Kreuzgelenken und in r mit einer Weg-Verschieblichkeit parallel X angeschlossen gedacht sei (s. auch die Veranschaulichung einer Drehfessel lt. Bd. I, Bild 8), sind $B_{Y(l)}$, $B_{Z(l)}$, $B_{Y(r)}$, $B_{Z(r)}$, $S_{(r)}$ gleich Null zu setzen[1]).

β) Nebenbedingungs-Gleichungen (vgl. Bd. I, Bild 10)

(1) Liegt am Ende l eines beiderseitig angeschlossenen Stabes $l-r$

eine Weg-Verschieblichkeit parallel X od. Y od. Z oder ein Zylindergelenk, dessen Achse parallel X ist,

oder liegt an seinem Ende r eine Weg-Verschieblichkeit parallel Y od. Z,

so bedeutet dieses, daß jeweils eine der Fessellasten lt. 4 gleich Null ist, d. h. es gilt jeweils eine der folgenden „Nebenbedingungs-Gleichungen" (entstanden aus Gl. 4):

$$\overset{!}{A}_{X(l)} + S_{(r)} = 0, \quad \overset{!}{D}_{X(l)} + T_{(r)} = 0, \tag{8}$$

$$\overset{!}{A}_{Y(l)} - \frac{B_{Z(r)} - B_{Z(l)}}{s} = 0, \quad \overset{!}{A}_{Z(l)} + \frac{B_{Y(r)} - B_{Y(l)}}{s} = 0,$$

$$\overset{!}{A}_{Y(r)} + \frac{B_{Z(r)} - B_{Z(l)}}{s} = 0, \quad \overset{!}{A}_{Z(r)} - \frac{B_{Y(r)} - B_{Y(l)}}{s} = 0.$$

Auch in solchen Fällen ist das Schema der Knotengleichungen 6 (s. Tafel 1) beizubehalten, indem wie folgt verfahren wird:

Die den Knoten bei l und r „zugewiesenen Lasten" $\overset{!}{A}_{X(l)}$, $\overset{!}{A}_{Y(l)}$, $\overset{!}{A}_{Z(l)}$, $\overset{!}{A}_{Y(r)}$, $\overset{!}{A}_{Z(r)}$, $\overset{!}{D}_{X(l)}$ werden genau so ermittelt wie sonst (d. h. so, als ob die ihnen entsprechenden Fesseln vollzählig vorhanden wären), und ihre Zahlenwerte werden in die Knotengleichungen eingesetzt. Zur (nachträglichen) Erfassung der tatsächlichen Verhältnisse ist dann aber noch

[1]) Zur Darstellung einer Wegfessel ist in Bd. I, Bild 9, der Einfachheit halber eine beiderseitig mit Kugelgelenken angeschlossene Pendelstütze gezeichnet, also ein Stab, der um seine Systemlinie drehbar ist. Der Unterschied ist, da am oben genannten Fesselstab keine Momente angreifen, belanglos.

die der betr. Verschieblichkeit entsprechende Nebenbedingungs-Gleichung (s. Gl. 8) anzuschreiben.

(2) Ähnliches gilt, wenn andere Verschieblichkeiten vorliegen:

Handelt es sich z. B. um ein Zylindergelenk, dessen Achse parallel einem beliebigen Einheitsvektor $\mathfrak{e}_g$ ist, oder um eine Weg-Verschieblichkeit parallel einem beliebigen Einheitsvektor $\mathfrak{e}_w$, so ist als Nebenbedingungs-Gleichung der Ausdruck dafür anzuschreiben, daß die betreffende Komponente des resultierenden Stab-Endmomentes bzw. der resultierenden Stab-Endkraft an der Verschieblichkeitsstelle verschwindet (s. Bd. I, Gl. 23):

$$\mathfrak{M}_{l\ \mathrm{res}}\, \mathfrak{e}_g = 0 \text{ bzw. } \mathfrak{M}_{r\ \mathrm{res}}\, \mathfrak{e}_g = 0 \tag{9a}$$

$$\text{bzw. } \mathfrak{P}_{l\ \mathrm{res}}\, \mathfrak{e}_w = 0 \text{ bzw. } \mathfrak{P}_{r\ \mathrm{res}}\, \mathfrak{e}_w = 0, \tag{9b}$$

worin

$$\begin{aligned} \mathfrak{M}_{l\ \mathrm{res}} &= -D_{X(l)}\, \mathfrak{e}^* - B_{Y(l)}\, \mathfrak{e}^{**} - B_{Z(l)}\, \mathfrak{e}^{***}, \\ \mathfrak{M}_{r\ \mathrm{res}} &= T_{(r)} \mathfrak{e}^* + B_{Y(r)}\, \mathfrak{e}^{**} + B_{Z(r)}\, \mathfrak{e}^{***}, \\ \mathfrak{P}_{l\ \mathrm{res}} &= -A_{X(l)}\, \mathfrak{e}^* - A_{Y(l)}\, \mathfrak{e}^{**} - A_{Z(l)}\, \mathfrak{e}^{***}, \\ \mathfrak{P}_{r\ \mathrm{res}} &= S_{(r)}\, \mathfrak{e}^* - A_{Y(r)}\, \mathfrak{e}^{**} - A_{Z(r)}\, \mathfrak{e}^{***}. \end{aligned} \tag{10}$$

Besteht die Verschieblichkeit in einem Kreuzgelenk und ist (statt der Einheitsvektoren seiner Gelenkachsen) der Einheitsvektor $\mathfrak{e}_d$ senkrecht zu seinen Gelenkachsen gegeben oder handelt es sich um eine Flächenführung und ist (statt zweier Einheitsvektoren in deren Ebene) der Einheitsvektor $\mathfrak{e}_a$ senkrecht zu ihrer Ebene gegeben,

so lautet die betr. Nebenbedingungs-Gleichung (vgl. Bd. I, S. 9, Text unter Gl. 11):

$$[\mathfrak{M}_{l\ \mathrm{res}}\, \mathfrak{e}_d] = 0 \text{ bzw. } [\mathfrak{M}_{r\ \mathrm{res}}\, \mathfrak{e}_d] = 0 \tag{11a}$$

$$\text{bzw. } [\mathfrak{P}_{l\ \mathrm{res}}\, \mathfrak{e}_a] = 0 \text{ bzw. } [\mathfrak{P}_{r\ \mathrm{res}}\, \mathfrak{e}_a] = 0. \tag{11b}$$

(3) Liegt ein Gelenk oder eine Weg-Verschieblichkeit an irgendeiner Stelle zwischen 2 Knoten i und j, so gelten ebenfalls die voranstehenden Ausführungen, wenn unmittelbar neben der Verschieblichkeit ein Knoten k, ähnlich wie in Bild 6, angenommen wird, wenn also die Systemlinien-Abschnitte $i-k$ und $k-j$ als einzelne Stäbe aufgefaßt werden.

3. Stabwerksgleichungen

a) Gleichungen

Gegeben sei irgendein Stabwerk, in dem jeder einzelne Stab ein Glied darstellt, das mit 6 oder mehr Fesseln stabil angeschlossen ist (vgl. Bd. I, S. 14). Die Lagerung des Stabwerks am Erdboden (oder an anderen Konstruktionen) sei durch Fesselstäbe lt. IV A 2 c α, Bild 7, veranschaulicht.

Für jeden Knoten seien die Knotengleichungen aufgestellt, außerdem seien für die Stäbe mit Verschieblichkeiten lt. IV A 2 c β die entsprechenden Nebenbedingungs-Gleichungen angeschrieben. Ferner seien in allen diesen Gleichungen die ggf. geltenden trivialen Nebenbedingungen (s. IV A 2 c α) durch Nullsetzung der betreffenden End-Schnittlasten berücksichtigt. — Die dann vorliegenden Gleichungen, in Komponenten bezüglich x, y, z angeschrieben, werden im folgenden „Stabwerksgleichungen" genannt.

Die Beträge der zwischen dem Stabwerk und dem Erdboden usw. wirkenden Fessellasten (s. Bild 7) — im folgenden „äußere Fessellasten" genannt — gehen nach obigem durch die (unbekannten) End-Schnittlasten $S_{(r)}$ bzw. $T_{(r)}$ der (zur Veranschaulichung der Fesselung angenommenen) Fesselstäbe (s. IV A 2 c α) in die Stabwerksgleichungen ein. Wird es vorgezogen, die Beträge der äußeren Fessellasten wieder (vgl. Bd. I, S. 23f.) mit A und D zu bezeichnen, so ist lt. Bild 7

bei einem Weg-Fesselstab das Zeichen $S_{(r)}$ zu ersetzen durch: $\pm A$ (oder $\pm A_x$, $\pm A_y$ bzw. $\pm A_z$), je nachdem zu positivem Betrag A eine Zugkraft oder eine Druckkraft im betr. Fesselstab gehört,
bei einem Dreh-Fesselstab das Zeichen $T_{(r)}$ zu ersetzen durch: $\pm D$ (oder $\pm D_x$, $\pm D_y$ bzw. $\pm D_z$), je nachdem zu positivem Betrag D ein positives oder ein negatives Torsionsmoment im betr. Fesselstab gehört[1]).

Wenn im folgenden von „eigentlichen Stäben“ gesprochen wird, sind nur diejenigen Stäbe gemeint, die beiderseits an Knoten des betrachteten Stabwerks angeschlossen sind.

Liegen die Systemlinien der eigentlichen Stäbe in einer Ebene und liegen die Fessellinien, die Achsen Y und Z sowie ggf. vorhandene Gelenkachsen, Linien- und Flächenführungen in dieser „Stabwerksebene“ bzw. senkrecht zu ihr, so zerfallen die Stabwerksgleichungen in zwei voneinander unabhängige Gruppen, von denen die eine nur die in der Stabswerksebene wirkenden Unbekannten, die andere nur die dazu senkrecht wirkenden enthält. Solche Stabwerke heißen „ebene Stabwerke“, sofern auch die sog. „Schubmittelpunkte“[2]) der Stab-Querschnittsflächen in der Stabswerksebene liegen (was stets der Fall ist, wenn die Stab-Querschnittsflächen symmetrisch zur Stabwerksebene sind)[3]).

b) Statische Bestimmtheit

Ist die Anzahl der Stabwerksgleichungen gleich der Anzahl der insgesamt in ihnen auftretenden Unbekannten und ist ihre Nennerdeterminante ungleich Null, so können aus

[1]) Werden die äußeren Fessellasten, wie es oft möglich und zweckmäßig ist, gesondert berechnet (z. B. nach II oder III), so gehen ihre Beträge als bereits bekannte Größen in die Stabwerksgleichungen ein. Dann werden so viele der Stabwerksgleichungen überzählig, wie äußere Fessellasten mit bereits bekannten Beträgen eingesetzt sind.

[2]) Näheres dazu siehe in V A.

[3]) Das bezüglich der Achsen Y, Z sowie der Schubmittelpunkte Gesagte entfällt im Sonderfall des sog. „ebenen Gelenkfachwerks“ (s. IV B 2a).

ihnen alle Unbekannten berechnet werden. In diesem Falle wird gesagt, das Stabwerk sei „statisch bestimmt". – Die Schnittlasten an beliebiger Stelle des Stabwerks ergeben sich dann, wie schon in IV A 2a gesagt, indem die einzelnen Stäbe als Elementarstäbe aufgefaßt werden, an denen die ihnen eingeprägten Lasten sowie die nunmehr bekannten End-Lasten (s. Gl. 2) wirken.

Wären die einzelnen Stäbe starr, so wäre jede Stelle eines statisch bestimmten Stabwerks unverschieblich[1]), d. h.: Ein statisch bestimmtes Stabwerk ist zugleich ein stabiles Stabwerk[2]).

Handelt es sich um ein ebenes Stabwerk und treffen die Kennzeichen der statischen Bestimmtheit nur für die Stabwerksgleichungen einer der beiden Gruppen lt. IV A 3a zu, so kann gesagt werden, das Stabwerk sei (nur) „in seiner Ebene statisch bestimmt" oder „senkrecht zu seiner Ebene statisch bestimmt".

c) Statische Unbestimmtheit

Ist die Anzahl der Stabwerksgleichungen kleiner als die Anzahl der insgesamt in ihnen auftretenden Unbekannten, so können aus ihnen die Unbekannten nicht berechnet werden. In diesem Falle wird gesagt, das Stabwerk sei „statisch unbestimmt". Ggf. – vgl. IV A 3b – kann gesagt werden, es sei „in seiner Ebene statisch unbestimmt" oder „senkrecht zu seiner Ebene statisch unbestimmt".

d) Unstabilität

Ist die Anzahl der Stabwerksgleichungen größer als die Anzahl der insgesamt in ihnen auftretenden Unbekannten

---

[1]) Der Beweis dafür kann aus Raumgründen nicht gebracht werden; s. dazu aber das in Bd. I, S. 25f., und in der Fußnote auf Seite 99 Ausgeführte.

[2]) Genauer: ein primär stabiles Stabwerk; denn wegen der Formänderungseigenschaften des Materials und Erdbodens wird jedes Stabwerk bei gewissen Belastungszuständen unstabil („Knicken"; s. VI).

oder ist die Nennerdeterminante der Stabwerksgleichungen gleich Null, so können die Stabwerksgleichungen **nicht** für beliebige Belastungszustände erfüllt werden. Solches ist der Fall, wenn das Stabwerk zu viele oder ungeeignet angeordnete Verschieblichkeiten (Gelenke usw.) enthält, ferner, wenn es mit zu wenig oder mit ungeeignet angeordneten Fesseln (Fesselstäben) am Erdboden usw. angeschlossen ist. Bei solchen Stabwerken sind stets Verschiebungen möglich (zumindest kleine, im Sinne von Differentialen), m. a. W.: Solche Stabwerke sind **unstabil**, evtl. auch nur – vgl. IV A 3b – in ihrer Ebene oder senkrecht zu dieser unstabil.

4. Teil-Stabwerke

Oft ist es vorteilhaft, abweichend von dem in IV A 2b Dargelegten, Schnitte (z. B. nach Bild 8) durch das Stabwerk zu führen, mit denen es in „Teil-Stabwerke" zerlegt wird, dann die Schnittlasten an den vom Schnitt getroffenen Stellen der Stäbe als unbekannte Lasten einzuführen und anschließend zu deren Berechnung die Gleichgewichtsbedingungen des einen oder des anderen Teil-Stabwerks aufzustellen (Näheres dazu s. in IV B 4 u. 8, IV C 3).

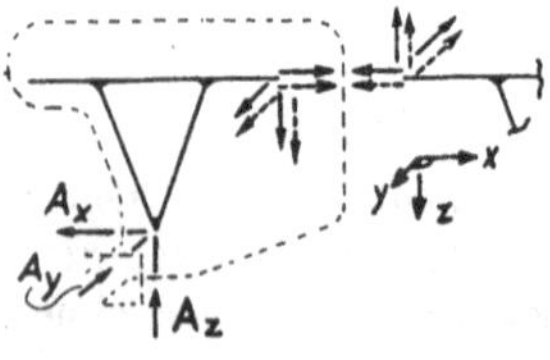

Bild 8. Teil-Stabwerk

B. Fachwerk

1. Vorbemerkungen

Wenn in den Ausführungen dieses Abschnittes (B) von „Fesselstäben" (Fesseln) — s. IV A 2c α – gesprochen wird, sind Weg-Fesselstäbe (Wegfesseln) gemeint. – Von sämtlichen Stäben wird unterstellt, sie seien starr.

Als ein „räumliches Fachwerk“ wird im folgenden ein Stabwerk bezeichnet, wenn seine eigentlichen und Fessel-Stäbe so angeordnet sind, daß die Knoten auch dann **keine** Wege ausführen könnten, wenn sämtliche Stäbe nicht **steif** (wie in Wirklichkeit), sondern kugelgelenkig angeschlossen wären (s. z. B. Bild 9).

Als ein „ebenes Fachwerk“ wird im folgenden ein Stabwerk bezeichnet, dessen eigentliche Stäbe in einer Ebene liegen und dessen Fesselstäbe (Fesseln) teils in dieser Ebene liegen, teils zu ihr senkrecht

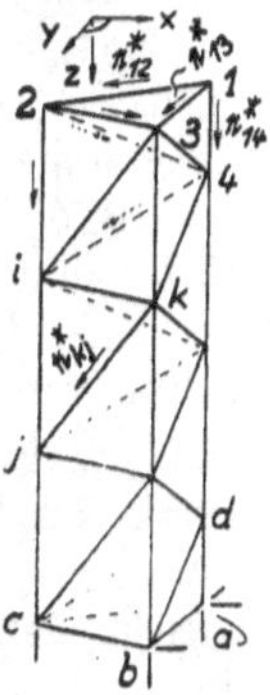

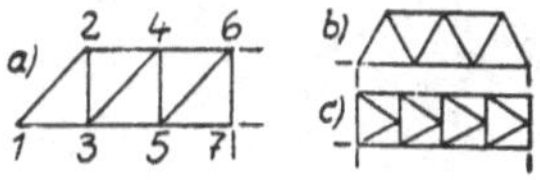

Bild 9. Räumliches Fachwerk (Flechtwerk, Tetraeder-Fachwerk)

Bild 10. Ebenes Fachwerk (Dreieck-Fachwerk)

stehen, wenn seine Stäbe so angeordnet sind, daß die Knoten auch dann keine Wege innerhalb der Stabwerksebene ausführen könnten, wenn sämtliche Stäbe nicht **steif** (wie in Wirklichkeit), sondern kugelgelenkig angeschlossen wären (s. z. B. Bild 10). – Soweit im folgenden nichts anderes vermerkt ist, wird bei ebenen Fachwerken die Koordinatenebene *zx* in die Fachwerksebene gelegt.

2. Statisch bestimmtes Gelenkfachwerk

a) Fachwerksgleichungen

Bei den nachfolgenden Ausführungen über Fachwerke wird folgendes unterstellt: Die am Fachwerk angreifenden

Lasten bestehen aus Kräften $\mathfrak{P}_k$, die unmittelbar den Knoten eingeprägt sind; soweit es sich um ebene Fachwerke handelt, liegen die Wirkungslinien dieser Kräfte in der Fachwerks-Ebene.

Unter dieser Voraussetzung führt meistens schon eine stark vereinfachte Betrachtungsweise zu brauchbaren Näherungswerten für die End-Schnittkräfte $S_{(r)}$ der eigentlichen und Fessel-Stäbe (Fesseln). Sie besteht darin, daß so getan wird, als wären alle eigentlichen und Fessel-Stäbe beiderseitig mit Kugelgelenken angeschlossen (s. Bild 11). Das heißt: Die Unbekannten $B_{Y(l)}$, $B_{Z(l)}$, $B_{Y(r)}$, $B_{Z(r)}$, $T_{(r)}$ werden gleich Null gesetzt[1])[2]).

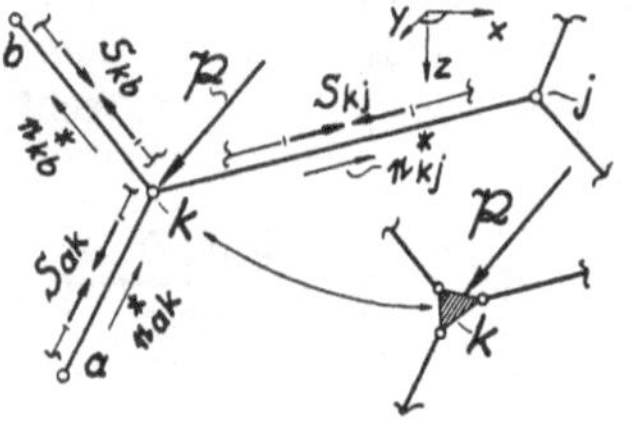

Bild 11. Bezeichnungen

Bei solcher „Auffassung eines Fachwerks als Gelenkfachwerk“ werden aus den Stabwerksgleichungen (s. IV A 3) die im folgenden angeschriebenen „Fachwerksgleichungen“ (s. Gl. 13). Dort ist bei den Unbekannten ($S_{(r)}$) der Zeiger r fortgelassen; denn zufolge der Unterstellung über die dem Fachwerk eingeprägten Lasten (s. oben) kennzeichnet die End-Schnittlast $S_{(r)}$ zugleich die Stabkraft S an jeder Stelle des betreffenden Stabes. — Die in den Fachwerksgleichungen neu eingeführten Zeiger kj (bzw. jk) besagen (s. Bild 11):

Es handelt sich um die Stabkraft S_{kj} in einem eigentlichen oder Fessel-Stab $k-j$, dessen Einheitsvektor $\mathfrak{e}_{kj}^*$ vom Knoten k zu einem Knoten j — oder zu einer Stelle j des Erd-

1) Diese Betrachtungsweise gilt auch in dem Falle, daß zwischen den Enden l und r der einzelnen Stäbe Kräfte angreifen, deren Wirkungslinie mit der Systemlinie des betreffenden Stabes zusammenfällt. Die nachfolgenden Ausführungen lassen sich leicht im Hinblick auf solche Fälle erweitern.

2) Die damit vernachlässigten Biegemomente und Torsionsmomente werden „Nebenspannungs-Momente“ genannt; s. dazu Bd. III.

Knoten	Gl.	S_{0f_1} *) ($A_{x(0)}$)	S_{0f_2} *) ($-A_{z(0)}$)	S_{01}	S_{02}	S_{12}	S_{13}	S_{23}	S_{24}	…	$P_{x(k)}$ / $P_{z(k)}$	
0	„$P_{x(0)}$"	−1	0	+1	+0,8						+0,8	= 0
	„$P_{z(0)}$"	0	+1	0	−0,6						+1,1	= 0
1	„$P_{x(1)}$"			−1		0	+1				0	= 0
	„$P_{z(1)}$"			0		−1	0				+5,2	= 0
2	„$P_{x(2)}$"				−0,8	0		+0,8	+0,8		+1,6	= 0
	„$P_{z(2)}$"				+0,6	+1		+0,6	−0,6		+2,1	= 0

*) Werden die Fesselkräfte gesondert berechnet (s. IV B 3 a), so entfallen die Spalten S_{0f_1} bzw. $A_{x(0)}$, S_{0f_2} bzw. $-A_{z(0)}$ sowie S_{11f_3} bzw. $-A_{z(11)}$, und an die Stelle der Absolutglieder $P_{x(0)} = 0{,}8$, $P_{z(0)} = 1{,}1$ sowie $P_{z(11)} = 0$ ist (s. III B 1 c α) zu setzen: $P'_{x(0)} - A_{x(0)} = 0{,}8 - 3{,}2$; $P'_{z(0)} - A_{z(0)} = 1{,}1 - 7{,}5$; $P'_{z(11)} - A_{z(11)} = 0 - 1{,}95$.

Tafel 2. Fachwerksgleichungen zum Fachwerk in Bild 16

bodens usw. — hin weist (bzw. um die Stabkraft S_{jk} in einem eigentlichen oder Fessel-Stab $j-k$, dessen Einheitsvektor $\mathfrak{e}_{jk}^*$ von einem Knoten j — oder von einer Stelle j des Erdbodens usw. — zum Knoten k hin weist).

Aus den Gleichungen 6 wird:

$$\Sigma^l S_{kj} \mathfrak{e}_{kj}^* - \Sigma^r S_{jk} \mathfrak{e}_{jk}^* + \mathfrak{P}_k = 0\,, \tag{12}$$

Σ^l erstreckt über diejenigen eigentlichen und Fessel-Stäbe (Fesseln), deren Einheitsvektor $\mathfrak{e}_{kj}^*$ von k nach j hin weist, die also mit ihrem Ende l an k angeschlossen sind,

Σ^r erstreckt über diejenigen eigentlichen und Fessel-Stäbe (Fesseln), deren Einheitsvektor $\mathfrak{e}_{jk}^*$ von j nach k hin weist, die also mit ihrem Ende r an k angeschlossen sind.

Für die Komponenten der in diesen Gleichungen enthaltenen Einheitsvektoren $\mathfrak{e}^*$ gilt (s. Bd. I, Gl. 70):

$$e_{x(kj)}^* = \frac{x_j - x_k}{s_{kj}}\,, \quad e_{y(kj)}^* = \frac{y_j - y_k}{s_{kj}}\,, \quad e_{z(kj)}^* = \frac{z_j - z_k}{s_{kj}}\,;$$

$$e_{x(jk)}^* = \frac{x_k - x_j}{s_{jk}}\,, \quad e_{y(jk)}^* = \frac{y_k - y_j}{s_{jk}}\,, \quad e_{z(jk)}^* = \frac{z_k - z_j}{s_{jk}}\,.$$

Die Gleichungen 12 ergeben – in Komponenten bezüglich x, y, z angeschrieben – für jeden Knoten k drei skalare Gleichungen, die „Fachwerksgleichungen“ „$P_{x(k)}$“, „$P_{y(k)}$“, „$P_{z(k)}$“:

$$„P_{x(k)}“: \quad \Sigma^l S_{kj} e^*_{x(kj)} - \Sigma^r S_{jk} e^*_{x(jk)} + P_{x(k)} = 0 \quad (13)$$

usw.

Bei ebenen Fachwerken entfällt „$P_{y(k)}$“; s. dazu das in Tafel 2 gebrachte Beispiel.

b) Statische Bestimmtheit

α) Abzählkriterien

Ist die Anzahl der Fachwerksgleichungen „$P_{x(k)}$“, „$P_{y(k)}$“, „$P_{z(k)}$“ bzw. – im Falle eines ebenen Fachwerks – „$P_{x(k)}$“, „$P_{z(k)}$“ gleich der Anzahl der insgesamt in ihnen enthaltenen Unbekannten S und ist ihre Nennerdeterminante ungleich Null, so können aus ihnen die Unbekannten S berechnet werden. In diesen Fällen wird gesagt, das an Stelle des wirklichen Fachwerks betrachtete Gelenkfachwerk sei „statisch bestimmt“ (s. dazu auch das am Ende von IV B 6a Gesagte)[1]. – Im folgenden bedeute:

„Kn“ die Anzahl der Knoten[2]),
„St_{eig}“ die Anzahl der eigentlichen Stäbe,
„St_F“ die Anzahl der Fesselstäbe (Wegfesseln), falls es sich um ein räumliches Gelenkfachwerk handelt, bzw. die Anzahl der Fesselstäbe (Wegfesseln) in der

[1]) Streng genommen ist diese Bezeichnung nicht zutreffend; denn zufolge der Annahme kugelgelenkiger Stabanschlüsse sind die Knoten selbst drehbar und ist jeder Stab um seine Achse X drehbar; außerdem sind bei einem ebenen Gelenkfachwerk Knotenwege senkrecht zur Fachwerksebene möglich. Diese Unstabilität ist aber für die Stabkraft-Ermittlung bedeutungslos wegen der getroffenen Unterstellung über die am Fachwerk wirkenden Lasten.

[2]) Im Falle eines räumlichen Fachwerks wird hierbei unterstellt, daß das Fachwerk nur „räumliche Knoten“ enthält, d. h. Knoten, in denen mindestens 3 Stäbe zusammentreffen, die nicht in einer Ebene liegen. Vgl. hiermit IV B 2 d.

Fachwerksebene, falls es sich um ein ebenes Gelenkfachwerk handelt.

Dann folgt aus dem Voranstehenden
bei statisch bestimmten räumlichen Gelenkfachwerken:

$$3\,„Kn\text{“} = „St_{eig}\text{“} + „St_F\text{“} \tag{14}$$

mit $„St_F\text{“} \geqq 6$,
bei statisch bestimmten ebenen Gelenkfachwerken:

$$2\,„Kn\text{“} = „St_{eig}\text{“} + „St_F\text{“} \tag{15}$$

mit $„St_F\text{“} \geqq 3$,
„Abzählkriterien“.

β) Kinematische Betrachtung

Ist bei einem Stabwerk das Abzählkriterium 14 bzw. 15 nicht erfüllt, indem die Anzahl der eigentlichen und Fessel-Stäbe zu klein ist, so ist das aus ihm hervorgehende Gelenksystem ein räumliches bzw. ebenes „unstabiles Gelenksystem“, d. h.
ein räumliches Gebilde, an dem Knotenwege möglich sind, bzw. ein ebenes Gebilde, an dem u. a. auch Knotenwege in seiner Ebene möglich sind.

Sind bei einem Stabwerk, das dem Abzählkriterium 14 bzw. 15 entspricht, die Stäbe so angeordnet, daß die Nennerdeterminante der Fachwerksgleichungen $„P_{x(k)}\text{“}$, $„P_{y(k)}\text{“}$, $„P_{z(k)}\text{“}$ bzw. $„P_{x(k)}\text{“}$, $„P_{z(k)}\text{“}$ gleich Null ist, so ist das aus ihm hervorgehende Gelenksystem ebenfalls ein unstabiles Gelenksystem (kleine Wege möglich). Ob solches etwa zutrifft, kann im Falle eines ebenen Stabwerks meistens schon aus einfachen kinematischen Betrachtungen erkannt werden. So kann z. B. oft wie folgt vorgegangen werden (s. Bild 12):

Einem Knoten des betr. Gelenksystems sei ein (kleiner) Weg (in der Stabwerksebene) erteilt. Die Pfeile, welche die dabei auftretenden Wege der Knoten $k, j, \ldots$ darstellen, seien nach Bd. I, S. 91, um 90° gedreht, und die Stellen, an denen dann ihre Spitzen zu liegen kommen, seien mit $\bar{\bar{k}}, \bar{\bar{j}}, \ldots$ bezeichnet. Soweit zwei Knoten k und j durch einen Stab $k-j$ miteinander verbunden sind (also einer – durch den Stab gegebenen – „Scheibe" angehören, s. Bd. I, S. 90ff.), liegen $\bar{\bar{k}}$ und $\bar{\bar{j}}$ auf einer Parallelen zu $k-j$ (s. Bd. I, Bild 45).

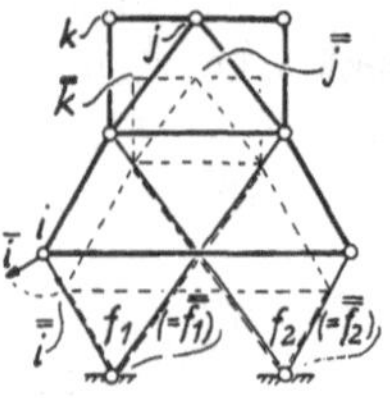

Bild 12. Unstabiles Gelenksystem

Die Fesselung des Stabwerks sei durch Fesselstäbe $f-i$ von endlicher Länge dargestellt: f = Fesselstab-Fußpunkt, i = Fesselstab-Anschlußknoten am Stabwerk. – Da die Fesselstab-Fußpunkte f festliegen, fällt jeweils $\bar{\bar{f}}$ mit f zusammen, d. h.: Die Geraden $\bar{\bar{f}}-\bar{\bar{i}}$ fallen mit den betreffenden Fessellinien zusammen.

Wird nun zu jedem eigentlichen und Fessel-Stab $k-j$ bzw. $f-i$ die Strecke $\bar{\bar{k}}-\bar{\bar{j}}$ bzw. $\bar{\bar{f}}-\bar{\bar{i}}$ gezeichnet, so bilden die Strecken $\bar{\bar{k}}-\bar{\bar{j}}$, $\bar{\bar{f}}-\bar{\bar{i}}$ $(= f-\bar{\bar{i}})$ eine Figur $\bar{\bar{F}}$ mit folgenden Eigenschaften:

(1) In $\bar{\bar{F}}$ entspricht
jeder Stelle k, j, f, i des Stabwerks ein Punkt $\bar{\bar{k}}, \bar{\bar{j}}, \bar{\bar{f}}\,(= f), \bar{\bar{i}}$,
jedem eigentlichen und Fessel-Stab $k-j$ bzw. $f-i$ des Stabwerks eine ihm parallele Strecke $\bar{\bar{k}}-\bar{\bar{j}}$ bzw. $\bar{\bar{f}}-\bar{\bar{i}}$ $(= f-\bar{\bar{i}})$;

(2) die Figur $\bar{\bar{F}}$ ist (wie leicht ersichtlich) dem Stabwerk einschließlich seiner Fesselstäbe nicht geometrisch ähnlich.

Läßt sich also zu einem (ebenen) Stabwerk, das dem Abzählkriterium 14 bzw. 15 entspricht (nebst endlich angenommenen Fesselstäben) eine Figur $\bar{\bar{F}}$ mit den Eigenschaften (1) und (2) zeichnen, so ist damit ein möglicher Verschiebungszustand beschrieben, also nachgewiesen, daß das betr. Gelenksystem ein unstabiles ist (s. auch Bild 15).

c) Aufbauregeln

α) Grundregeln

Räumliche Fachwerke, die mit der Annahme kugelgelenkiger Stabanschlüsse zu statisch bestimmten (räumlichen) Gelenkfachwerken werden, sind z. B. die sog. „Flechtwerke": Das sind Stabwerke, deren eigentliche Stäbe ein geschlossenes Netz von lauter Dreieckmaschen bilden und zugleich die Kanten eines „konvexen Vielflachs"[1]) darstellen, das am Erdboden usw. mit 6 Fesselstäben (Fesseln) angeschlossen ist, die den Bedingungen für die stabile Lagerung eines starren Körpers lt. Bd. I, S. 13, entsprechen (s. Bild 9, 13). Der einfachste Fall eines solchen Flechtwerks ist das Stabwerk lt. Bild 13a, dessen eigentliche Stäbe die Kanten eines Tetraeders bilden.

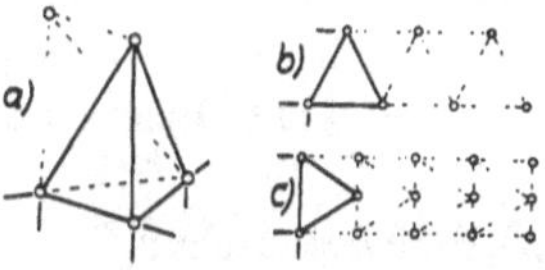

Bild 13. Tetraeder und Dreieck als Ausgangsfiguren zur Bildung von statisch bestimmten Gelenkfachwerken

Aus einem statisch bestimmten räumlichen Gelenkfachwerk kann ein weiteres Fachwerk solcher Art entwickelt werden, indem lt. Bild 13a ein neuer Knoten mittels dreier neuer Stäbe geschaffen wird, die von 3 Knoten des ursprünglichen Fachwerks ausgehen und nicht in einer Ebene liegen. Durch wiederholtes Anwenden dieser Regel — angefangen mit einem

[1]) Konvexes Vielflach = Vielflach, an dem jede durch das Innere gehende Gerade die Wandung in 2 Punkten schneidet.

Stab-Tetraeder – ergibt sich z. B. das in Bild 9 wiedergegebene „Tetraeder-Fachwerk“.

Ein ebenes Fachwerk, das bei Annahme kugelgelenkiger Stabanschlüsse zu einem (ebenen) statisch bestimmten Gelenkfachwerk wird, ist z. B. das Stabwerk lt. Bild 13b, dessen eigentliche Stäbe die Seiten eines Dreiecks bilden.

Aus einem statisch bestimmten ebenen Gelenkfachwerk kann ein weiteres Fachwerk solcher Art gebildet werden, indem lt. Bild 13b ein neuer Knoten mittels zweier neuer Stäbe geschaffen wird, die von 2 Knoten des ursprünglichen Fachwerks ausgehen und nicht in einer Geraden liegen. Durch wiederholtes Anwenden dieser Regel – angefangen mit einem Stab-Dreieck – ergeben sich z. B. die in Bild 13b u. c angedeuteten „Dreieck-Fachwerke“.

β) Stabvertauschung

Aus einem statisch bestimmten Gelenkfachwerk kann ein weiteres Fachwerk solcher Art auch durch sog. „Stabvertau-

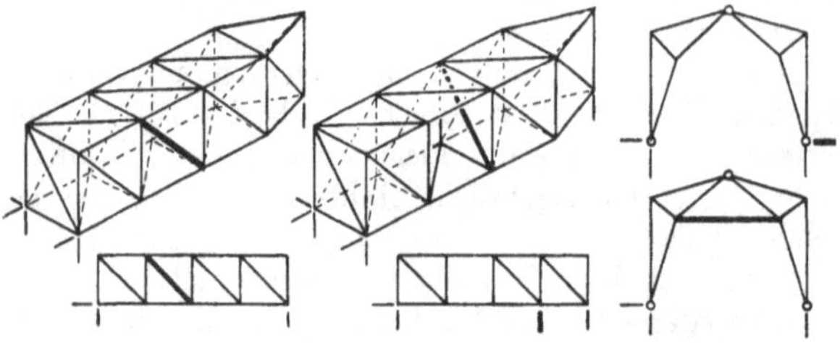

Bild 14. Beispiele zur Stabvertauschung

schung“ entwickelt werden (s. Bild 14): Ein eigentlicher oder ein Fessel-Stab wird herausgenommen, und zum Ersatz wird ein neuer Stab – „Ersatzstab“ – als eigentlicher Stab zwischen 2 vorhandenen Knoten oder als Fesselstab zwischen einem vorhandenen Knoten und dem Erdboden usw. eingebaut, gleichgültig, ob der herausgenommene Stab ein eigentlicher oder ein Fessel-Stab (eine Fessel) war (s. auch die in Bild 10b u. c wiedergegebenen Dreieck-Fachwerke, die durch Vertauschung von Fesselstäben aus den in Bild 13b u. c angedeuteten zustande kommen). – Bei der Vornahme von Stabvertauschungen ist folgendes zu beachten:

Durch das Herausnehmen eines eigentlichen oder eines Fessel-Stabes entsteht ein unstabiles Gelenksystem. Der Ersatzstab darf nur zwischen solchen Punkten eingezogen werden, deren Abstand sich bei einem – dem unstabilen Gelenksystem erteilten – Verschiebungszustand zwangläufig ändert (denn sonst wäre er wirkungslos; Beispiele für unzulässige Stabvertauschungen s. in Bild 15).

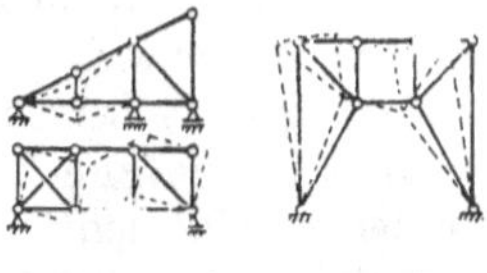

Bild 15. Unstabile ebene Gelenksysteme, durch unzulässige Stabvertauschung aus Dreieck-Fachwerken hervorgegangen

d) Verallgemeinerung des Begriffes Fachwerk

Ein statisch bestimmtes räumliches Gelenkfachwerk (s. Bild 22a) enthalte eine ebene Stabgruppe I von solchem Aufbau, daß sie für sich allein – wenn sie irgendwo mit 3 Fesselstäben in ihrer Ebene stabil gelagert wäre – ein statisch bestimmtes Gelenkfachwerk darstellen würde. Die Stabgruppe I werde (s. Bild 22b) durch eine andere – wiederum ebene – Stabgruppe II ersetzt, deren „Randlinien" – d. s. die Systemlinien der sie umschließenden Stäbe – mit denen der Stabgruppe I übereinstimmen. Auch die Stabgruppe II sei so aufgebaut, daß sie für sich allein – wenn sie irgendwo mit 3 Fesselstäben in ihrer Ebene stabil gelagert wäre – ein statisch bestimmtes Gelenkfachwerk darstellen würde; sie besitze aber mehr Knoten und Stäbe als die Gruppe I.

Das durch diesen Ersatz geschaffene (räumliche) Gebilde enthält Knoten, die sich von den übrigen dadurch unterscheiden, daß die Systemlinien der in ihnen zusammentreffenden Stäbe in einer Ebene liegen: „ebene Knoten". Da diese Knoten Wege senkrecht zu ihrer „Knotenebene" ausführen können, ist das durch den Ersatz geschaffene Gebilde ein unstabiles räumliches Gelenksystem. Trotzdem können aber die in ihm wirkenden Stabkräfte mittels der Fachwerksgleichungen 13 berechnet werden, sofern an den ebenen Knoten nur solche Kräfte angreifen, deren Wirkungslinien in der betreffenden Knotenebene liegen. – Unter der Voraussetzung, letzteres treffe zu, werden daher im folgenden auch räumliche Gelenksysteme mit ebenen Knoten – in Erweiterung des Begriffes „räumliches Fachwerk" (s. IV B 1) – noch als statisch bestimmte räumliche Gelenkfachwerke bezeichnet. Folgendes ist aber zu beachten:

Ist die Knotenebene eines ebenen Knotens parallel einer der Koordinatenebenen (z. B. zx), so entfällt für diesen Knoten eine der Fachwerksgleichungen (z. B. „$P_{y(k)}$"). Ist die Knotenebene nicht parallel einer der Koordinatenebenen, so ist eine der 3 Fachwerksgleichungen „$P_{x(k)}$", „$P_{y(k)}$", „$P_{z(k)}$" überzählig.

Wenn im folgenden kurz von einem Fachwerk gesprochen wird, so ist damit ein statisch bestimmtes Gelenkfachwerk gemeint.

3. Zur Anwendung der Fachwerksgleichungen

a) Sonderfälle

Sofern an einem räumlichen Knoten eines Fachwerks nur 3 Stäbe zusammentreffen, wie z. B. am Knoten 1 in Bild 9, ergeben sich die Stabkräfte S_{12}, S_{13}, S_{14} dieser Stäbe bereits aus den 3 Fachwerksgleichungen „$P_{x(1)}$", „$P_{y(1)}$", „$P_{z(1)}$" dieses Knotens allein. Diese Gleichungen können auch zeichnerisch aufgelöst werden, wie in Bd. I, S. 39ff., gezeigt ist: Die dortigen Gleichungen 43 entsprechen den Fachwerksgleichungen 13 des Knotens 1[1]); Zeichnungen lt. Bd. I, Bild 22b u. c, ergeben in den dort mit $\mathfrak{A}_1$, $\mathfrak{A}_2$, $\mathfrak{A}_3$ bezeichneten Pfeilen unmittelbar die von den Stäben auf den Knoten 1 ausgeübten Kräfte[2]). Es handelt sich dann um Zug- oder Druckkräfte, je nachdem diese Pfeile vom Knoten 1 weg oder zu ihm hin weisen.

Ähnliches gilt für einen Knoten, an dem $n > 3$ Stäbe zusammentreffen, wenn in $n - 3$ von diesen bereits die Stabkräfte bekannt sind (von Nachbarknoten her) und die Wirkungslinien der daselbst noch unbekannten 3 Stabkräfte nicht in einer Ebene liegen (s. z. B. die Knoten 2, 3, ... in Bild 9).

Sofern an einem Knoten eines ebenen Fachwerks nur 2 Stäbe zusammentreffen, wie z. B. am Knoten 1 in Bild 10a, ergeben sich die Stabkräfte S_{12}, S_{13} dieser Stäbe bereits aus den 2 Fachwerksgleichungen „$P_{x(1)}$", „$P_{z(1)}$" dieses Knotens allein. Entsprechend dem voranstehend Gesagten können diese Gleichungen auch zeichnerisch aufgelöst werden, wie in Bd. I, Bild 20b, gezeigt ist.

Ähnliches gilt für einen (ebenen) Knoten, an dem $n > 2$ Stäbe zusammentreffen, wenn in $n - 2$ von diesen bereits die Stabkräfte bekannt sind (von Nachbarknoten her) und die Wirkungslinien der daselbst noch unbekannten 2 Stabkräfte nicht in einer Geraden liegen (s. z. B. die Knoten 2, 3, ... in Bild 10a).

---

[1]) Da im vorliegenden Beispiel alle 3 Stäbe mit ihren Enden l an 1 angeschlossen sind, treten — wie leicht ersichtlich — in den speziell für Knoten 1 angeschriebenen Fachwerksgleichungen die Größen $+S_{12}$, $+S_{13}$, $+S_{14}$ an die Stelle der in Bd. I, Gl. 43, auftretenden Größen $-A_1$, $-A_2$, $-A_3$.

[2]) Ein anderes zeichnerisches Verfahren ist von Mayor angegeben worden; Näheres dazu s. z. B. bei Schlink, Technische Statik; Berlin, Springer-Verlag.

Um zu erreichen, daß Rechenvorteile der voranstehend geschilderten Art zustande kommen[1]), ist es oft vorteilhaft, zuerst eine Berechnung der Fesselkräfte (Fesselstabkräfte) nach Bd. I, S. 16ff. und 49ff., vorzunehmen[2]).

b) Cremona-Plan

Bei ebenen Fachwerken lassen sich die Stabkräfte meistens leicht in der Weise ermitteln, daß die Fachwerksgleichungen zeichnerisch aufgelöst werden (vgl. Bd. I, S. 35 u. 38). Bei zweckmäßigem Vorgehen ergibt sich dann ein übersichtlicher „Kräfteplan", der sog. „Cremona-Plan". Z. B. bei dem in Bild 16 wiedergegebenen Fachwerk sind dazu die folgenden Schritte durchzuführen:

α) Zerschneiden der Fesselstäbe (Fesseln); Ermittlung der Fesselkräfte: Beträge $A_{x(0)}$, $A_{z(0)}$, $A_{z(11)}$.

β) Eintragen der die Fesselkräfte (Reaktionskräfte) und die eingeprägten Kräfte $\mathfrak{P}_k$ darstellenden Pfeile in die Zeichnung des Fachwerks.

γ) Geometrisches Addieren der Fesselkräfte und eingeprägten Kräfte $\mathfrak{P}_k$ (s. Bd. I, S. 19 u. 20), möglichst in der Reihenfolge, wie sie angetroffen werden, wenn die Randlinien des Fachwerks umfahren werden (z. B. im Drehsinn zx): Zeichnen des Kräftepolygons $a\,b\,c\,d\,e\,f\,g\,a$.

δ) Für einen Knoten, an dem nur 2 unbekannte Stabkräfte auftreten, z. B. Knoten 0: Zeichnen des Kräftepolygons $f\,g\,a\,b\,h\,f$ (vgl. Bd. I, S. 36) aus den bekannten Kräften $\mathfrak{P}_0$, $A_{x(0)}$, $A_{z(0)}$ und den zunächst unbekannten Stabkräften S_{01}, S_{02}, und zwar so, daß die 2 unbekannten Stabkräfte

[1]) Zur Auflösung der Gleichungen empfiehlt sich – soweit nicht handliche zeichnerische Verfahren in Frage kommen – die Verwendung von Rechenautomaten.

[2]) Werden die äußeren Fessellasten, wie es oft möglich und zweckmäßig ist, gesondert berechnet (z. B. nach II oder III), so gehen ihre Beträge als bereits bekannte Größen in die Fachwerksgleichungen ein. Dann werden so viele der Fachwerksgleichungen überzählig, wie äußere Fessellasten mit bereits bekannten Beträgen eingesetzt sind.

darin in der Reihenfolge aneinandergereiht auftreten, in der sie angetroffen werden, wenn der Knoten im gleichen Sinne umfahren wird, wie vorher (s. γ) das ganze Fachwerk. – Eintragen des Richtungssinnes jeder damit gefundenen Stabkraft S_{01}, S_{02} (Pfeilspitzen entsprechend $b \to h$, $h \to f$) in die Systemlinie des betreffenden Stabes, und zwar an dem

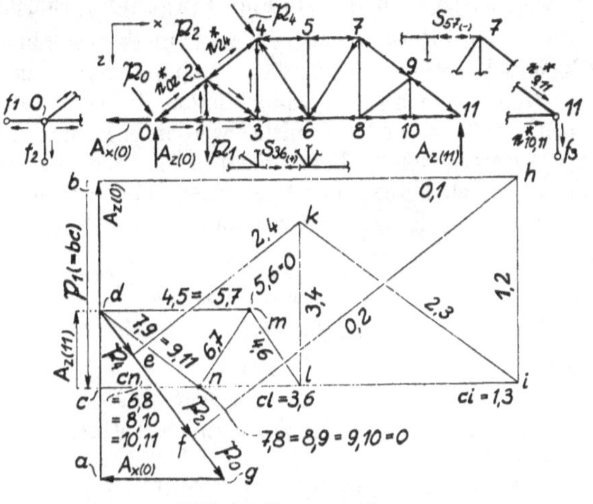

Bild 16. Cremona-Plan;
z. B. 0,1 bedeutet den Absolutbetrag $|S_{01}|$ der Stabkraft S_{01}

Stab-Ende, das an dem betrachteten Knoten 0 liegt; Eintragen des diesem Richtungssinn entgegengesetzten Richtungssinnes am anderen Ende des betreffenden Stabes.

ε) Für den Knoten 1 mit den beiden noch unbekannten Stabkräften S_{13}, S_{12}: Zeichnen des Kräftepolygons *h b c i h* aus den bekannten Kräften S_{01}, $\mathfrak{P}_1$ und den zunächst unbekannten Stabkräften S_{13}, S_{12}. Eintragen von Pfeilspitzen analog δ.

ζ), η), ...: Zeichnungen, wie voranstehend beschrieben, für die Knoten 2, 3, 4, ...

Die Stabkräfte in den einzelnen Stäben sind Zug- oder Druckkräfte (Zahlenwerte S positiv bzw. negativ), je nachdem die an den Stab-Enden eingetragenen Pfeilspitzen von den Stab-Enden weg oder zu den Stab-Enden hin weisen (s. die Angaben zu S_{57} und S_{36} in Bild 16; vgl. Bd. I, Bild 33).

Beim Zeichnen eines Cremona-Planes kann es vorkommen, daß Knoten angetroffen werden, an denen mehr als 2 unbekannte Stabkräfte vorliegen. Dann kann die eine oder andere dieser Stabkräfte gesondert ermittelt werden, z. B. nach dem in IV B 4 Dargelegten. U. U. empfiehlt es sich auch, zunächst die Zeichnung abzubrechen und von einer anderen Stelle des Fachwerks aus (z. B. vom anderen Auflager aus) neu zu beginnen.

4. Verwendung von Teilfachwerken

a) Allgemeines

Vornehmlich bei ebenen Fachwerken ist es oft zweckmäßig, die Stabkräfte aus den Gleichgewichtsbedingungen von Teilfachwerken (vgl. IV A 4) zu ermitteln. Dazu werden zunächst die Fesselkräfte A_x, A_z ermittelt (s. Bd. I, S. 16ff. und S. 49ff.) und weiterhin (s. Bd. I, S. 58ff.) am „entfesselten“ Fachwerk wie eingeprägte Kräfte behandelt, d. h.: Als (äußere) Kräfte $P_{x(k)}$, $P_{z(k)}$ am betr. Knoten gelten (mit Bezeichnungen wie in Bd. I, Gl. 56):

$$P_{x(k)} = -A_{x(k)} + P^!_{x(k)}, \quad P_{z(k)} = -A_{z(k)} + P^!_{z(k)}.$$

Durch das damit entfesselte Fachwerk werden Schnitte gelegt, die es in jeweils 2 Teilfachwerke zerteilen (vgl. die Bilder 19, 17, 18); zugleich werden die (noch unbekannten) Stabkräfte S der vom Schnitt getroffenen Stäbe im Sinne positiver Schnittlasten eingetragen. Für eines der Teilfachwerke wird dann – rechnerisch oder zeichnerisch – zum

Ausdruck gebracht, daß an ihm die Gleichgewichtsbedingungen erfüllt sein müssen (s. die folgenden Beispiele). Soweit dabei Momenten-Gleichgewichtsbedingungen Verwendung finden, werden die Momente jeweils auf Achsen bezogen, die der Koordinatenachse y parallel sind und (s. Bd. I, S. 32) durch einen Punkt gehen, in dem sich die Wirkungslinien von (wenigstens) zweien der unbekannten Stabkräfte schneiden (nach Ritter).

b) Beispiel Bild 17

Für das in Bild 17a abgetrennte Teilfachwerk I lautet die Momenten-Gleichgewichtsbedingung bezüglich der Achse durch $u+1$[1]):

$$- 0_{o,o+1}\, r_{u+1} + \Sigma_0^{\mathrm{I}} \{P_{x(k)}(h_{u+1} - \mathfrak{h}_k) + P_{z(k)}(x_{u+1} - \mathfrak{x}_k)\} = 0, \qquad (16)$$

Σ_0^{I} erstreckt über die äußeren Kräfte an den Knoten k des Teilfachwerks I (einschl. derjenigen Kräfte, die aus Fesseln herrühren).

Aus Gl. 16 ergibt sich unmittelbar die Stabkraft $0_{o,o+1}$:

$$0_{o,o+1} = \frac{1}{r_{u+1}} \Sigma_0^{\mathrm{I}} \{\cdots\}. \qquad (17)$$

$\Sigma_0^{\mathrm{I}}\{\cdots\}$ kann — vgl. Bd. I, S. 74ff., Gl. 77e — aufgefaßt werden als das (-1)fache Biegemoment an der Stelle $u+1'$ eines dem Fachwerks-Untergurt gleichen, nach Bild 17b oder c belasteten Stabes. Daher kann — unter Bezugnahme auf Bild 17b oder c — auch geschrieben werden:

$$0_{o,o+1} = -\frac{B_{y(u+1')}}{r_{u+1}}. \qquad (18)$$

Wiederum für das Teilfachwerk I lautet die Momenten-Gleichgewichtsbedingung bezüglich der Achse durch o:

$$U_{u,u+1}\, r_o + \Sigma_U^{\mathrm{I}} \{P_{x(k)}(h_o - \mathfrak{h}_k) + P_{z(k)}(x_o - \mathfrak{x}_k)\} = 0, \qquad (19)$$

[1]) Koordinaten-Bezeichnungen x, z, h, $\mathfrak{x}$, $\mathfrak{h}$ wie in Bd. I, Kap. III.

Σ_U^{I} erstreckt über die äußeren Kräfte an den Knoten k des Teilfachwerks I (einschl. derjenigen Kräfte, die aus Fesseln herrühren).

Aus Gl. 19 ergibt sich unmittelbar die Stabkraft $U_{u,\,u+1}$:

$$U_{u,\,u+1} = \frac{1}{r_o}(- \Sigma_U^{\mathrm{I}}\,\{\cdot\cdot\cdot\cdot\}). \tag{20}$$

$\Sigma_U^{\mathrm{I}}\,\{\cdot\cdot\cdot\cdot\}$ kann – vgl. Bd. I, S. 74ff., Gl. 77e – aufgefaßt werden als das (– 1)fache Biegemoment an der Stelle $o^{\cdot\cdot}$ eines dem Fachwerks-Obergurt gleichen, nach Bild 17d oder e belasteten Stabes. Daher kann – unter Bezugnahme auf Bild 17d oder e – auch geschrieben werden:

$$U_{u,\,u+1} = \frac{B_{y(o^{\cdot\cdot})}}{r_o}\,. \tag{21}$$

Weiterhin folgt aus der Kräfte-Gleichgewichtsbedingung im Sinne z, angeschrieben für das Teilfachwerk I[1]):

$$D_{o,\,u+1} = \frac{1}{\sin\omega_{o,\,u+1}}\Big(0_{o,o+1}\sin\alpha_{o,o+1} + U_{u,\,u+1}\sin\alpha_{u,\,u+1} - \Sigma^{\mathrm{I}} P_{z(k)}\Big) \tag{22}$$

oder auch – wegen Gl. 18 und 21 –:

$$D_{o,u+1} = \frac{1}{\sin\omega_{o,\,u+1}}\left(-\frac{B_{y\,(u+1^{\cdot})}}{r_{u+1}}\sin\alpha_{o,\,o+1} + \frac{B_{y\,(o^{\cdot\cdot})}}{r_o}\sin\alpha_{u,\,u+1} - \Sigma^{\mathrm{I}} P_{z(k)}\right). \tag{23}$$

Wird die Kräfte-Gleichgewichtsbedingung im Sinne x verwendet, so ergibt sich in ähnlicher Weise nach einfachen Umformungen:

$$D_{o,\,u+1} = \frac{1}{\cos\omega_{o,\,u+1}}\left(\frac{B_{y\,(u+1^{\cdot})}}{h_{o+1} - h_{u+1}} - \frac{B_{y\,(o^{\cdot\cdot})}}{h_o - h_u} - \Sigma^{\mathrm{I}} P_{x(k)}\right). \tag{24}$$

---

[1]) Bedeutung des Zeichens Σ^{I} analog dem Vorangegangenen.

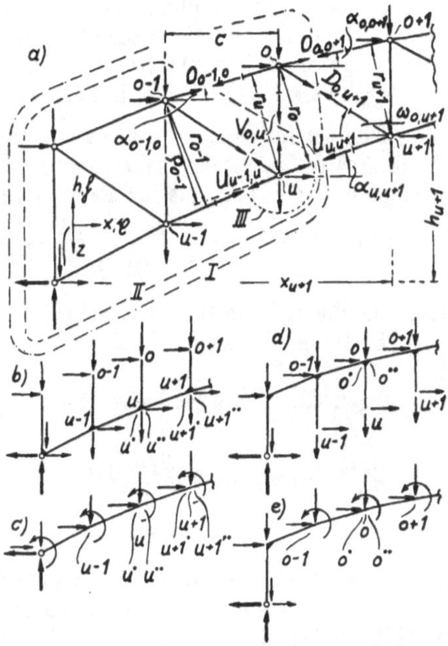

Bild 17. Fachwerkträger; alle statischen Größen, auch die Momente in Bild c, sind positiv eingezeichnet

Die am Teilfachwerk I angreifenden Stabkräfte $O_{o,o+1}$, $U_{u,u+1}$, $D_{o,u+1}$ können auch zeichnerisch ermittelt werden, und zwar nach Bd. I, S. 38 (Culmann): An die Stelle der dort mit $\mathfrak{P}$ bezeichneten Kraft tritt die Resultierende der am Teilfachwerk I angreifenden äußeren Kräfte (einschl. der aus Fesseln herrührenden); an die Stelle der in Bd. I, Bild 21a, mit 1—1, 2—2, 6—6 bezeichneten Fessellinien treten die Systemlinien der Stäbe $o-(o+1)$, $u-(u+1)$,

$o-(u+1)$. Eine Zeichnung lt. Bd. I, Bild 21 b, ergibt in den dort mit $\mathfrak{A}_1$, $\mathfrak{A}_2$, $\mathfrak{A}_3$ bezeichneten Pfeilen unmittelbar die von den Stäben auf das Teilfachwerk I ausgeübten Kräfte. Es handelt sich um Zug- oder Druckkräfte, je nachdem diese Pfeile vom Teilfachwerk I weg oder zu ihm hin weisen.

Wird schließlich noch für das in Bild 17a abgetrennte Teilfachwerk II die Kräfte-Gleichgewichtsbedingung im Sinne z angeschrieben, so ergibt sich daraus für die Stabkraft $V_{u,o}$:

$$V_{u,o} = -O_{o-1,o} \sin \alpha_{o-1,o} - U_{u,u+1} \sin \alpha_{u,u+1} + \Sigma^{II} P_{z(k)}, \qquad (25)$$

Σ^{II} erstreckt über die äußeren Kräfte an den Knoten k des Teilfachwerks II (einschl. derjenigen Kräfte, die aus Fesseln herrühren),
oder auch – wegen Gl. 18 (angeschrieben für $O_{o-1,o}$) und Gl. 21:

$$V_{u,o} = \frac{B_{y(u^{\cdot})}}{r_u} \sin \alpha_{o-1,o} - \frac{B_{y(o^{\cdot\cdot})}}{r_o} \sin \alpha_{u,u+1} + \Sigma^{II} P_{z(k)}. \qquad (26)$$

Auch kann es vorteilhaft sein, gelegentlich wieder Schnitte zu verwenden, die nur einen einzelnen Knoten abtrennen, wie z. B. der Schnitt III in Bild 17a. Dann liefert z. B. die Momenten-Gleichgewichtsbedingung bezüglich der Achse durch $o-1$:

$$V_{u,o} = \frac{1}{x_u - x_{u-1}} \{-U_{u,u+1}\, \varrho_{o-1} + U_{u-1,u}\, r_{o-1} - P_{x(u)} (h_{o-1} - h_u) + P_{z(u)} (x_u - x_{u-1})\}. \qquad (27)$$

c) Beispiel Bild 18 (Fachwerk im „K-Verband“)

Z. B. die Stabkräfte $D_{i-1,o}$ und $D_{i-1,u}$ ergeben sich aus den Kräfte-Gleichgewichtsbedingungen im Sinne x, angeschrieben für den mit Schnitt I abgetrennten Knoten $i-1$,

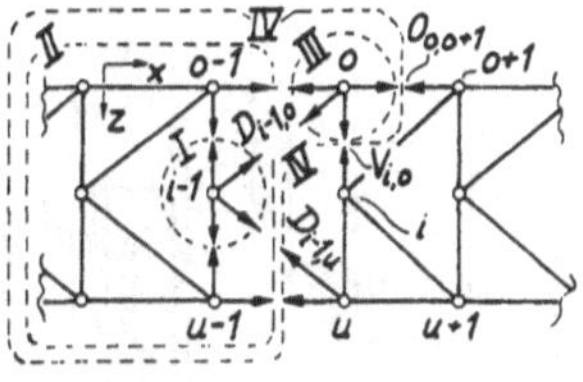

Bild 18
Fachwerk im K-Verband

und im Sinne z, angeschrieben für das mit Schnitt II abgetrennte Teilfachwerk (2 Gleichungen mit 2 Unbekannten). – Anschließend ergibt sich

$V_{i,o}$ aus der Kräfte-Gleichgewichtsbedingung im Sinne z, angeschrieben für den mit Schnitt III abgetrennten Knoten o, und

$O_{o,o+1}$ aus der Momenten-Gleichgewichtsbedingung bezüglich der Achse durch u, angeschrieben für das mit Schnitt IV abgetrennte Teilfachwerk.

5. Einflußlinien

a) Allgemeines

Entsprechend dem in Bd. I, S. 56ff., Dargelegten ergibt sich die Einflußlinie $S_{kj;m}$ einer Stabkraft S_{kj} aus der Betrachtung des Belastungszustandes „wandernde Einzellast vom Betrag 1, momentan an der Stelle m der Fahrbahn". Da die Belastung des als Gelenkfachwerk aufgefaßten Fachwerks lt. IV B 1 nur aus Kräften bestehen darf, die an Knoten angreifen, ist zu unterstellen, die Fahrbahn bestehe aus einer Kette von „Zwischenträgern" lt. Bd. I, Bild 36, die an bestimmten Knoten ... $m_{\nu-1}$, m_ν, $m_{\nu+1}$, ... des Fachwerks angeschlossen sind.

Die folgenden Ausführungen beziehen sich speziell auf Einflußlinien zu Kräften P_z; die wandernde Einzellast besteht also aus einer wandernden Einzel**kraft** $P_z = 1$.

Lt. Definition der „Einflußlinie" (s. Bd. I, S. 56ff.) ergibt sich die Einflußlinien-Ordinate $S_{kj;m_\nu}$ unter einem Fahrbahn-Anschlußknoten m_ν ohne weiteres als Betrag der Stabkraft

a) Fachwerk nach Bild 19a. Fahrbahn am Obergurt *).

$P_z = 1$ im Bereich:	$\varphi \underset{(=)}{\leq} x_o$		$\varphi \underset{(=)}{\geq} x_{o+1}$
Schnitt:	II		I
Aus ①: $O_{(o,o+1);m}$	$= -A_{z(n);m} \dfrac{x'_{u+1}}{h}$	**)	$= -A_{z(a);m} \dfrac{x_{u+1}}{h}$
Aus ②: $U_{(u,u+1);m}$	$= A_{z(n);m} \dfrac{x'_o}{h}$	**)	$= A_{z(a);m} \dfrac{x_o}{h}$
Aus ③: $D_{(o,u+1);m}$	$= -A_{z(n);m} \dfrac{1}{\sin\omega}$	**)	$= A_{z(a);m} \dfrac{1}{\sin\omega}$

b) Fachwerk nach Bild 19b. Fahrbahn am Obergurt.

$P_z = 1$ im Bereich:	$\varphi \underset{(=)}{\leq} x_{o-1}$		$\varphi \underset{(=)}{\geq} x_o$
Schnitt:	II		I
Aus ③: $V_{(o,u);m}$	$= A_{z(n);m}$	**)	$= -A_{z(a);m}$

$P_z = 1$ im Bereich:	$\varphi \underset{(=)}{\leq} x_q$
Schnitt:	III
Aus ③: $V_{(n,q);m}$	$= -A_{z(n);m}$

$P_z = 1$ im Bereich:	$\varphi \underset{(=)}{\leq} x_{\nu-1}$		Stelle $\varphi = x_\nu$		$\varphi \underset{(=)}{\geq} x_{\nu+1}$
Schnitt:	IV		IV		IV
Aus ③: $V_{(\nu,\mu);m}$	$= 0$	**)	$= -1$	**)	$= 0$

c) Fachwerk nach Bild 19c. Fahrbahn am Untergurt.

$P_z = 1$ im Bereich:	$\varphi \underset{(=)}{\leq} x_u$		$\varphi \underset{(=)}{\geq} x_{u+1}$
Schnitt:	II		I
Aus ③: $V_{(u,o);m}$	$= A_{z(n);m}$	**)	$= -A_{z(a);m}$

$P_z = 1$ im Bereich:	$\varphi \underset{(=)}{\leq} x_{n-1}$		Stelle $\varphi = x_n$
Schnitt:	III		III
Aus ③: $V_{(n,v);m}$	$= -A_{z(n);m}$	**)	$= 0$

$P_z = 1$ im Bereich:	$\varphi \underset{(=)}{\leq} x_n$
Schnitt:	IV
Aus ③: $V_{(\mu,\nu);m}$	$= 0$

d) Fachwerk nach Bild 19d. Fahrbahn am Untergurt.

$P_z = 1$ im Bereich:	$\varphi \underset{(=)}{\leq} x_u$		$\varphi \underset{(=)}{\geq} x_{u+1}$
Schnitt:	II		I
Aus ①: $O_{(o,o+1);m}$	$= -A_{z(n);m} \cdot \dfrac{x'_{u+1}}{r_{u+1}}$	**)	$= -A_{z(a);m} \dfrac{x_{u+1}}{r_{u+1}}$
Aus ④: $D_{(o,u+1);m}$	$= -A_{z(n);m} \cdot \dfrac{x'_i}{r_i}$	**)	$= -A_{z(a);m} \cdot \dfrac{x_i}{r_i}$ $\left(x_i \text{ hier } < 0\right)$

$P_z = 1$ im Bereich:	$\varphi \underset{(=)}{\leq} x_n$
Schnitt:	III
Aus ③: $V_{(\mu,\nu);m}$	$= -2 \cdot O_{(\nu,\nu+1);m} \cdot \sin\omega_{\nu,\nu+1}$ °)

*) Liegt die Fahrbahn am Untergurt, so gelten für $O_{(o,o+1);m}$, $U_{(u,u+1);m}$, $D_{(o,u+1);m}$ bei dem vorliegenden Fachwerk die gleichen Ausdrücke wie unter a).

**) Zwischen den angegebenen Bereichen von φ bzw. Stellen: geradliniges Zwischenstück.

°) Damit E-Linie $V_{(\nu,\mu);m}$ aus E-Linie $O_{(\nu,\nu+1);m}$; letztere kann nach obigem aus $A_{z(a);m}$ und $A_{z(n);m}$ entwickelt werden.

Tafel 3. Einflußlinien von einfachen Fachwerken (vgl. Bild 19)

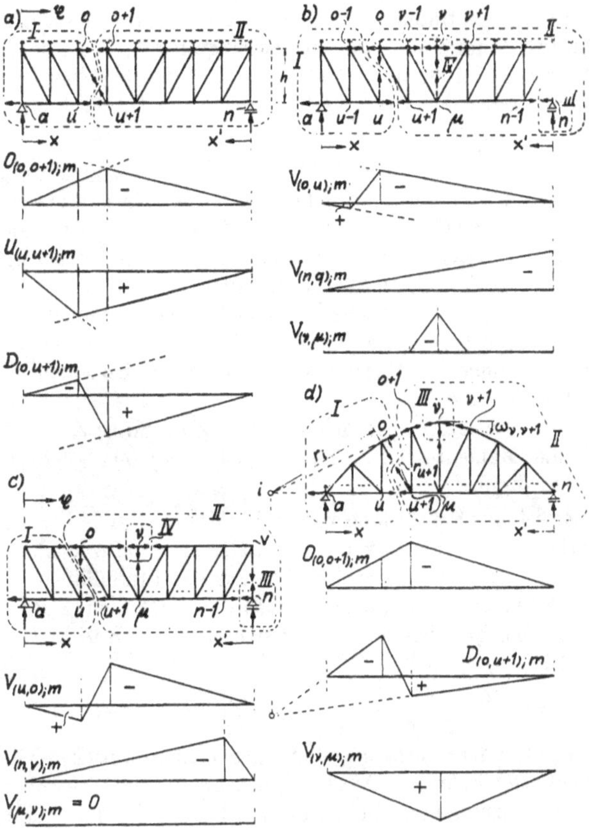

Bild 19. Einflußlinien von einfachen Fachwerken

S_{kj} beim Belastungszustand $P_z = 1$, wirkend am Knoten m_ν:

$$S_{kj;\,m_\nu} = S_{kj}\,[P_z = 1 \text{ in } m_\nu].$$

Sind die Einflußlinien-Ordinaten unter allen Fahrbahn-Anschlußknoten m_ν ermittelt und aufgetragen, so ergibt sich die ganze Einflußlinie, indem die Endpunkte dieser Ordinaten durch Geraden verbunden werden (s. Bd. I, S. 70).

b) Einfache Fälle

Bei ebenen Fachwerken ist es meistens möglich und zweckmäßig, die Einflußlinien der Stabkräfte aus denen der Fesselkräfte des Fachwerks zu entwickeln, wie es in Tafel 3 und Bild 19 gezeigt ist. In Tafel 3 bedeutet:

(1) die Momenten-Gleichgewichtsbedingung bezüglich der (zu y parallelen) Achse durch $u+1$,
(2) die Momenten-Gleichgewichtsbedingung bezüglich der Achse durch o,
(3) die Kräfte-Gleichgewichtsbedingung im Sinne z,
(4) die Momenten-Gleichgewichtsbedingung bezüglich der Achse durch i.

Soweit zur Berechnung von Stabkräften passende Formeln vorliegen – s. z. B. IV B 4b – ist es mitunter vorteilhaft, die Einflußlinien von Stabkräften aus den Einflußlinien der Schnittlasten von Elementarstäben aufzubauen (s. Bd. I, Kap. III). Beispielsweise ergibt sich nach Gl. 18 u. 21 (vgl. Bild 17):

$$O_{o,\,o+1;\,m} = -\frac{1}{r_{u+1}}\,B_{y(u+1);\,m}, \quad U_{u,\,u+1;\,m} = \frac{1}{r_o}\,B_{y(o);\,m}, \quad (28)$$

jedoch mit dem Vorbehalt, daß gegebenenfalls zwischen 2 benachbarten Fahrbahn-Anschlußknoten geradlinige Zwischenstücke einzuschalten sind (s. IV B 5a), nämlich immer dann, wenn über einem Eckpunkt der betreffenden Einflußlinie $B_{y(u+1);\,m}$ oder $B_{y(o);\,m}$ kein Fahrbahn-Anschlußknoten liegt (vgl. Bd. I, Bild 36).

Auch besteht ggf. die Möglichkeit, die Einflußlinie einer Stabkraft aus den bereits gezeichneten Einflußlinien anderer Stabkräfte aufzubauen, und zwar auf Grund von Formeln, wie z. B. Gl. 22, 25, 27 (s. z. B. $V_{\mu,\nu;m}$ lt. Tafel 3d).

6. Verwendung von Ersatzfachwerken

a) Allgemeine Beziehungen

Zur Berechnung der Stabkräfte S_{kj} eines Fachwerks ist es oft vorteilhaft, an Stelle eines gegebenen Fachwerks (s. Bild 20a) zunächst ein bequemer erfaßbares „Ersatz-Fachwerk" zu betrachten, das aus dem gegebenen Fachwerk hervorgeht, indem ein oder mehrere Stäbe (eigentliche oder Fessel-Stäbe) $a, b, \ldots.$ zerschnitten und durch einen bzw. mehrere andere Stäbe ersetzt werden: „Ersatzstäbe α, β, ..." (s. Bild 20b; vgl. IV B 2 c β). Dann können die Stabkräfte S_{kj} des gegebenen Fachwerks aus den Stabkräften des Ersatzfachwerks auf Grund der folgenden Überlegungen ermittelt werden.

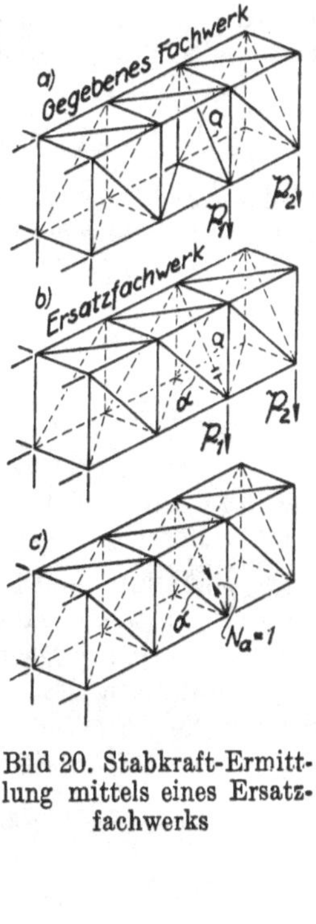

Bild 20. Stabkraft-Ermittlung mittels eines Ersatzfachwerks

Am Ersatzfachwerk seien zunächst die Stabkräfte S_{kj}^{Ers} zu folgenden Belastungszuständen ermittelt:

α) Belastungszustand „𝔓": d. h. die dem gegebenen Fachwerk eingeprägten Kräfte (s. Bild 20b);

β) Belastungszustand „$N_a = 1$": Kräftegruppe nach Bild 20c, d. h. im Sinne einer Stabkraft vom Betrage + 1 an den Schnittufern des zerschnittenen Stabes a;

γ), δ), ...: Belastungszustände „$N_b = 1$", „$N_c = 1$", ... analog β.

Die zu diesen Belastungszuständen gehörenden Stabkräfte des Ersatzfachwerks seien $S_{kj}^{\text{Ers}}[\mathfrak{P}]$, $S_{kj}^{\text{Ers}}[N_a = 1]$, $S_{kj}^{\text{Ers}}[N_b = 1]$, ...

Nun sei das Ersatzfachwerk belastet mit Zustand „$\mathfrak{P}$" und zugleich mit Vielfachen der Zustände „$N_a = 1$"; „$N_b = 1$", ..., d. h. am Ersatzfachwerk seien angebracht: die Kräfte $\mathfrak{P}_k$ sowie Kräftegruppen im Sinne von Stabkräften mit gewissen Beträgen $N_a, N_b, \ldots$.
Für die zu diesem Belastungszustand „$\mathfrak{P}, N_a, N_b, \ldots$" gehörenden Stabkräfte des Ersatzfachwerks gilt:

$$S_{kj}^{\text{Ers}}[\mathfrak{P}, N_a, N_b, \ldots] = S_{kj}^{\text{Ers}}[\mathfrak{P}] + N_a \cdot S_{kj}^{\text{Ers}}[N_a = 1] + N_b \cdot S_{kj}^{\text{Ers}}[N_b = 1] + \cdots. \tag{29}$$

Alsdann seien die Beträge $N_a, N_b, \cdots$ gerade so gewählt, daß die Stabkräfte der Ersatzstäbe $\alpha, \beta, \cdots$ zu Null werden, so daß also gilt (s. Gl. 29):

$$(S_\alpha^{\text{Ers}}[\mathfrak{P}, N_a, N_b, \ldots] =) \quad S_\alpha^{\text{Ers}}[\mathfrak{P}] + N_a \cdot S_\alpha^{\text{Ers}}[N_a = 1] + N_b \cdot S_\alpha^{\text{Ers}}[N_b = 1] + \cdots = 0 \tag{30}$$

usw.

Die dazu erforderlichen Beträge $N_a, N_b, \ldots$ ergeben sich durch Auflösung dieser Gleichungen nach $N_a, N_b, \ldots$

Die Stabkräfte $S_{kj}^{\text{Ers}}[\mathfrak{P}, N_a, N_b, \ldots]$ des Ersatzfachwerks, die sich aus dem damit festgelegten Belastungszustand „$\mathfrak{P}, N_a, N_b, \ldots$" ergeben, sind gleich den Stabkräften S_{kj} des gegebenen Fachwerks aus den ihm eingeprägten Kräften $\mathfrak{P}_k$. Also gilt (s. Gl. 29) für die Stabkräfte des gegebenen Fachwerks:

$$S_{kj} = S_{kj}^{\text{Ers}}[\mathfrak{P}, N_a, N_b, \ldots],$$

also nach Gl. 29:

$$S_{kj} = S_{kj}^{\text{Ers}}[\mathfrak{P}] + N_a \cdot S_{kj}^{\text{Ers}}[N_a = 1] + N_b \cdot S_{kj}^{\text{Ers}}[N_b = 1] + \cdots \tag{31}$$

und speziell

$$S_a = N_a, \quad S_b = N_b, \ldots .$$

Steht fest, daß das Ersatzfachwerk ein statisch bestimmtes (Gelenk-)Fachwerk ist, und ist die Nennerdeterminante der Gleichungen 30 ungleich Null, so steht damit zugleich fest, daß auch das gegebene Fachwerk ein statisch bestimmtes (Gelenk-)Fachwerk ist (s. auch IV B 2 b α).

b) Einflußlinien

Zur Ermittlung der Einflußlinien, z. B. zu Kräften P_z, ist wieder der Belastungszustand „wandernde Kraft $P_z = 1$, momentan an einer Stelle m der Fahrbahn" zu betrachten. Für diesen Zustand sind die Gleichungen 30 wie folgt zu schreiben:

$$S_{\alpha;m}^{\text{Ers}} + N_{a;m} S_{\alpha}^{\text{Ers}}[N_a = 1] + N_{b;m} S_{\alpha}^{\text{Ers}}[N_b = 1] + \cdots = 0$$

usw.

Nachdem die Zahlenwerte $S^{\text{Ers}}[N_a = 1], \ldots$ eingesetzt sind, führt die Auflösung dieser Gleichungen nach $N_{a;m}, N_{b;m}, \ldots$ zu Ausdrücken der Gestalt

$$N_{a;m} = C_{a\alpha} \cdot S_{\alpha;m}^{\text{Ers}} + C_{a\beta} \cdot S_{\beta;m}^{\text{Ers}} + \cdots \tag{32}$$

usw.

Diese Ausdrücke zeigen, wie die Einflußlinien $N_{a;m}, N_{b;m}, \ldots$ aus den Einflußlinien $S_{\alpha;m}^{\text{Ers}}, S_{\beta;m}^{\text{Ers}}, \ldots$ des Ersatzfachwerks aufzubauen sind.

Für die Einflußlinien $S_{kj;m}$ des gegebenen Fachwerks gilt schließlich nach Gl. 31:

$$S_{kj;m} = S_{kj;m}^{\text{Ers}} + N_{a;m} S_{kj}^{\text{Ers}}[N_a = 1] + \cdots \tag{33}$$

und speziell

$$S_{a;m} = N_{a;m}, \quad S_{b;m} = N_{b;m}, \ldots.$$

Diese Ausdrücke zeigen den Aufbau der Einflußlinien $S_{kj;m}$ aus den Einflußlinien $N_{a;m}$, $N_{b;m}$, ... und den — gesondert aufzustellenden — Einflußlinien $S^{\mathrm{Ers}}_{kj;m}$ des Ersatzfachwerks.

7. Abspaltung von Zwischenfachwerken

a) Zwischen- und Restfachwerk

α) Allgemeines

Ein Fachwerk (s. Bild 21 a) enthalte eine ebene Stabgruppe von solchem Aufbau, daß sie für sich allein — wenn sie irgendwo mit 3 Fesseln in ihrer Ebene stabil gelagert wäre — als ein statisch bestimmtes ebenes Gelenkfachwerk aufgefaßt werden könnte. Diese Stabgruppe sei vom gegebenen Fachwerk abgespalten (s. Bild 21 b), indem diejenigen Stäbe, welche die Randstäbe der Stabgruppe darstellen, ihrer Länge nach aufgespalten worden sind. — Das übrig gebliebene Stabwerk sei seinerseits so beschaffen, daß es für sich allein als ein statisch bestimmtes Gelenkfachwerk — im folgenden „Restfachwerk *R*" genannt — aufgefaßt werden kann.

Die abgespaltene Stabgruppe sei nun mittels dreier Fesseln *u*, *v*, *w* in ihrer Ebene stabil an Knoten des Restfachwerks angeschlossen; sie werde dann „Zwischenfachwerk *Zw*" genannt.

Mit der Zerlegung von Fachwerken in Zwischen- und Restfachwerke ergibt sich oft eine Erleichterung der Stabkraftermittlung. Dazu werden die dem gegebenen Fachwerk eingeprägten Kräfte wie folgt auf das Zwischenfachwerk und auf das Restfachwerk aufgeteilt:

Kräfte bzw. Kraftkomponenten, die — mangels geeigneter Knoten am Restfachwerk — nicht am Restfachwerk wirken dürfen (vgl. IV B 2 a), werden als Kräfte am Zwischenfachwerk aufgefaßt (s. Bild 21 b).

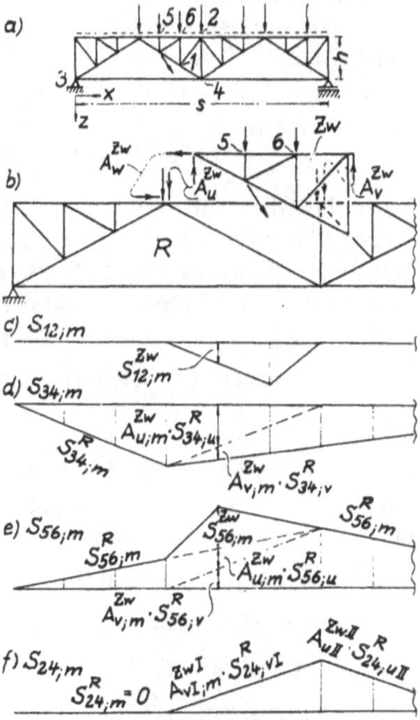

Bild 21. Fachwerk mit Zwischenfachwerk

Kräfte bzw. Kraftkomponenten, die — zufolge der am Zwischen- und Restfachwerk vorhandenen Knoten — gleichwohl an diesem oder jenem wirken dürfen, werden nach freier Entscheidung entweder als Kräfte am Zwischenfachwerk oder als Kräfte am Restfachwerk aufgefaßt. Die übrigen Kräfte bzw. Kraftkomponenten gelten als Kräfte am Restfachwerk.

Die unter dem damit festgelegten Belastungszustand des Zwischenfachwerks, dem Teil-Belastungszustand „$\mathfrak{P}^{Zw}$“, sich ergebenden Stabkräfte und Fesselkräfte des Zwischenfachwerks werden mit S^{Zw} und A_u^{Zw}, A_v^{Zw}, A_w^{Zw} bezeichnet.

Die Belastung des Restfachwerks besteht

a) aus den Kräften, die nicht dem Zwischenfachwerk zugeteilt worden sind, dem Teil-Belastungszustand „$\mathfrak{P}^R$“, und

b) aus den Fesselkräften (Aktionskräften) A_u^{Zw}, A_v^{Zw}, A_w^{Zw} des mit dem Teil-Belastungszustand „$\mathfrak{P}^{Zw}$“ belasteten Zwischenfachwerks.
Die dazu sich ergebenden Stabkräfte des Restfachwerks werden mit S^R bezeichnet.

Für eine Stabkraft S_{kj} des gegebenen Fachwerks gilt dann allgemein:

$$S_{kj} = S_{kj}^{Zw} + S_{kj}^R, \qquad (34)$$

worin das Glied mit dem Zeiger Zw bzw. das Glied mit dem Zeiger R zu streichen ist, falls der Stab nicht im Zwischenfachwerk bzw. nicht im Restfachwerk (darin auch nicht als Abschnitt eines größeren Stabes) enthalten ist.

Mitunter ist es zweckmäßig, zur Berechnung einer Stabkraft S_{kj}^R zunächst diejenigen Beträge

$$S_{kj;\mathfrak{P}^R}^R, \quad S_{kj;u}^R, \quad S_{kj;v}^R, \quad S_{kj;w}^R$$

dieser Stabkraft zu ermitteln, die sich ergeben, wenn jeweils einer der folgenden Belastungszustände allein am Restfachwerk wirkend angenommen wird:

der Teilbelastungszustand $\mathfrak{P}^R$,

eine Aktionskraft $A_u^{Zw} = +1$,

eine Aktionskraft $A_v^{Zw} = +1$,

eine Aktionskraft $A_w^{Zw} = +1$.

Für den oben mit a) und b) gekennzeichneten tatsächlichen Belastungszustand des Restfachwerks gilt dann – und ist ggf. in Gl. 34 einzusetzen:

$$S_{kj}^R = S_{kj;\mathfrak{P}^R}^R + A_u^{Zw} S_{kj;u} + A_v^{Zw} S_{kj;v} + A_w^{Zw} S_{kj;w}. \qquad (35)$$

Enthält ein Fachwerk mehrere Stabgruppen, die zur Absonderung als Zwischenfachwerke in Frage kommen, so ist es oft vorteilhaft, alle diese Zwischenfachwerke gleichzeitig abzusondern. Die voranstehenden Ausführungen lassen sich mühelos dahingehend erweitern.

Soweit ein und derselbe Stab in mehreren Zwischenfachwerken Zw^{I}, $Zw^{\mathrm{II}}, \ldots$ vorkommt, treten z. B. an die Stelle der Gleichungen 34 und 35 die Gleichungen:

$$S_{kj} = S_{kj}^{Zw\,\mathrm{I}} + S_{kj}^{Zw\,\mathrm{II}} + \cdots + S_{kj}^{R} \tag{36}$$

bzw.

$$\begin{aligned} S_{kj}^{R} = S_{kj;\,\mathfrak{P}^R}^{R} & + A_{u\mathrm{I}}^{Zw\,\mathrm{I}}\, S_{kj;\,u\mathrm{I}}^{R} + A_{u\mathrm{II}}^{Zw\,\mathrm{II}}\, S_{kj;\,u\mathrm{II}}^{R} + \cdots \\ & + A_{v\mathrm{I}}^{Zw\,\mathrm{I}}\, S_{kj;\,v\mathrm{I}}^{R} + A_{v\mathrm{II}}^{Zw\,\mathrm{II}}\, S_{kj;\,v\mathrm{II}}^{R} + \cdots \\ & + A_{w\mathrm{I}}^{Zw\,\mathrm{I}}\, S_{kj;\,w\mathrm{I}}^{R} + A_{w\mathrm{II}}^{Zw\,\mathrm{II}}\, S_{kj;\,w\mathrm{II}}^{R} + \cdots . \end{aligned} \tag{37}$$

β) Einflußlinien

Zur Ermittlung der Einflußlinien $S_{kj;\,m}$, z. B. zu Kräften P_z, ist wieder der Belastungszustand „wandernde Kraft $P_z = 1$, momentan an einer Stelle m der Fahrbahn" zu betrachten.

Abgesondert sei nur ein Zwischenfachwerk; speziell bezeichne

$m(Zw)$ diejenigen Fahrbahn-Anschlußstellen, die laut IV B 7 a α als Anschlußstellen am Zwischenfachwerk aufzufassen sind,

$m(R)$ die übrigen Fahrbahn-Anschlußstellen (nämlich die am Restfachwerk).

Indem die Zugehörigkeit einer Größe S, S^{Zw}, S^{R}, A^{Zw} zum Belastungszustand „$P_z = 1$ momentan an einer Fahrbahn-Anschlußstelle $m(Zw)$ bzw. $m(R)$" durch Zeiger $m(Zw)$, $m(R)$ zum Ausdruck gebracht wird, ergeben sich aus den Gleichungen 34, 35 die folgenden Ausdrücke,

falls der Stab nur im Zwischenfachwerk vorkommt (s. Bild 21c):

$$\begin{aligned} S_{kj;\,m\,(Zw)} &= S^{Zw}_{kj;\,m\,(Zw)}\,, \\ S_{kj;\,m\,(R)} &= 0; \end{aligned} \tag{38}$$

falls der Stab nur im Restfachwerk vorkommt (s. Bild 21 d):

$$\begin{aligned} S_{kj;\,m\,(Zw)} &= A^{Zw}_{u;\,m\,(Zw)} \cdot S^{R}_{kj;\,u} + A^{Zw}_{v;\,m\,(Zw)} \cdot S^{R}_{kj;\,v} \\ &\quad + A^{Zw}_{w;\,m\,(Zw)} \cdot S^{R}_{kj;\,w}\,, \\ S_{kj;\,m\,(R)} &= S^{R}_{kj;\,m\,(R)}\,; \end{aligned} \tag{39}$$

falls der Stab sowohl im Zwischenfachwerk als auch im Restfachwerk vorkommt (s. Bild 21 e):

$$\begin{aligned} S_{kj;\,m\,(Zw)} &= S^{Zw}_{kj;\,m\,(Zw)} + A^{Zw}_{u;\,m\,(Zw)} \cdot S^{R}_{kj;\,u} \\ &\quad + A^{Zw}_{v;\,m\,(Zw)} \cdot S^{R}_{kj;\,v} + A^{Zw}_{w;\,m\,(Zw)} \cdot S^{R}_{kj;\,w}\,, \\ S_{kj;\,m\,(R)} &= S^{R}_{kj;\,m\,(R)}\,. \end{aligned} \tag{40}$$

Diese Ausdrücke zeigen, wie die Einflußlinien-Ordinaten $S_{kj;\,m\,(Zw)}$, $S_{kj;\,m\,(R)}$ des gegebenen Fachwerks abschnittweise zusammenzusetzen sind aus solchen des Zwischenfachwerks und solchen des Restfachwerks.

Zwischen zwei aufeinanderfolgenden Fahrbahn-Anschlußstellen des gegebenen Fachwerks verläuft jede Einflußlinie $S_{kj;\,m}$ geradlinig (vgl. Bd. I, S. 70f.).

Ist das Zwischenfachwerk (wie in Bild 21 b) nach Art eines Elementarstabes mit Fesseln parallel z und x an zwei Knoten $\mu(R)$ und $\nu(R)$ des Restfachwerks gefesselt und sind diese Knoten zugleich Fahrbahn-Anschlußstellen, so verläuft die Einflußlinie $S^{R}_{kj;\,m}$ zwischen $\mu(R)$ und $\nu(R)$ geradlinig wie unter einem von $\mu(R)$ bis $\nu(R)$ reichenden Fahrbahn-Zwischenträger (s. Bild 21 d).

Das im Voranstehenden Ausgeführte läßt sich leicht auf den Fall übertragen, daß 2 oder mehr Zwischenfachwerke zugleich abgesondert werden (vgl. dazu das am Ende von Abschnitt IV B 7 aα Gesagte sowie Bild 21 f).

b) Zwischenfachwerk und unstabiles Reststabwerk

Die Absonderung eines (ebenen) Zwischenfachwerks *Zw* (s. Bild 22b) kann auch dann vorteilhaft sein, wenn das übrig bleibende Stabwerk ein unstabiles Gelenksystem ist, indem es zu wenig Stäbe enthält (vgl. die Abzählkriterien 15, 16). Dieses unstabile Gelenksystem wird dann zu einem Fachwerk gemacht (s. Bild 22c), indem einzelne Stäbe eingezogen werden, und zwar als Diagonalen $\alpha, \beta, \ldots$ des Polygons, das von denjenigen Stäben gebildet wird, die zur Absonderung des Zwischenfachwerks aufgespalten worden sind. Das so entstehende Fachwerk wird als das (zu einem Ersatzfachwerk) „ergänzte Reststabwerk *R*" bezeichnet. – Wird das abgesonderte Zwischenfachwerk *Zw* von *n* Stäben umschlossen, so sind zur Herstellung des ergänzten Reststabwerks $n - 3$ neue Stäbe: „Diagonalen $\alpha, \beta, \ldots$", erforderlich.

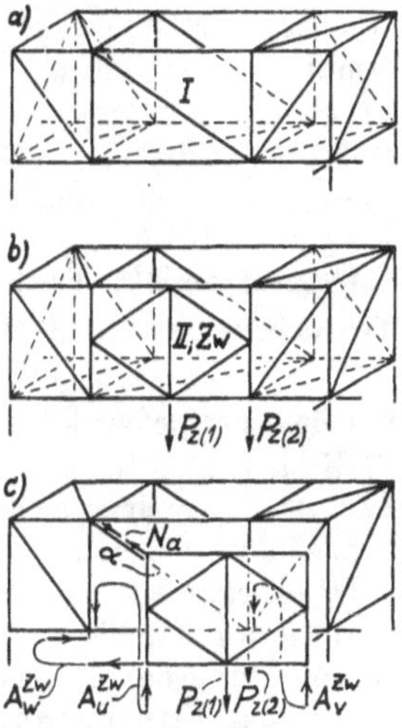

Bild 22
a) Fachwerk
b) Fachwerk mit ebenen Knoten
c) Ergänztes Reststabwerk

Außer den 3 Fesseln *u*, *v*, *w* (vgl. IV B 7 a α), mit denen das Zwischenfachwerk am ergänzten Reststabwerk angeschlossen zu denken ist, werden zwischen den beiden Stabwerken *Zw* und *R* noch μ $(= n - 3)$ weitere, jedoch zerschnitten gedachte Fesseln *a*, *b*, ... angenommen, deren Fessellinien sich mit den Systemlinien der „Diagonalen $\alpha, \beta, \ldots$" decken und an deren Schnittufern Fesselkräfte mit zunächst unbekannten Beträgen N_a, N_b, ...

wirken. (Diese Fesseln dürfen nicht an Knoten liegen, an denen schon 2 der Fesseln u, v, w liegen; auch darf keine von ihnen mit einer der Fesseln u, v, w identisch sein.)

Dann werden die Stab- und Fesselkräfte S^{Zw}, A_u^{Zw}, A_v^{Zw}, A_w^{Zw} des Zwischenfachwerks sowie die Stabkräfte S^R des ergänzten Reststabwerks zu folgenden Belastungszuständen ermittelt:

α) Belastungszustand „$\mathfrak{P}$": die dem gegebenen Fachwerk eingeprägten Kräfte, entsprechend IV B 7 aα aufgeteilt auf das Zwischenfachwerk Zw und auf das ergänzte Reststabwerk R (d. h.: Am Zwischenfachwerk wirkt ein Teil-Belastungszustand $\mathfrak{P}^{Zw}$; am ergänzten Reststabwerk wirken: ein Teil-Belastungszustand $\mathfrak{P}^R$ sowie die Aktionskräfte A_u^{Zw}, A_v^{Zw}, A_w^{Zw} des mit dem Teil-Belastungszustand $\mathfrak{P}^{Zw}$ belasteten Zwischenfachwerks);

β) Belastungszustand „$N_a = 1$": Kräftegruppe nach Bild 22c, im Sinne einer Fesselkraft vom Betrage $+1$ an den Schnittufern der Fessel a (d. h.: Am Zwischenfachwerk Zw wirkt die eine Kraft dieser Gruppe; am ergänzten Reststabwerk R wirken: die andere Kraft der Gruppe sowie die Aktionskräfte des Zwischenfachwerks);

γ), δ), ...: Belastungszustände „$N_b = 1$", „$N_c = 1$", ... analog β.

Die zu diesen Belastungszuständen gehörenden Stabkräfte des Zwischenfachwerks und des ergänzten Reststabwerks seien

$$\begin{array}{ll} S^{Zw}[\mathfrak{P}], & S^R[\mathfrak{P}], \\ S^{Zw}[N_a = 1], & S^R[N_a = 1], \\ \cdots & \cdots \end{array}$$

Die zur Herstellung des ergänzten Reststabwerks eingezogenen Diagonalen $\alpha, \beta, \ldots$ sind in Wirklichkeit nicht vorhanden; ihre Stabkräfte S_α^R, S_β^R, ... müssen also gleich Null werden (vgl. IV B 6 a), wenn der Zustand „$\mathfrak{P}$“ und zugleich die Fesselkräfte N_a, $N_b, \ldots$ mit ihren wahren (noch unbekannten) Beträgen angebracht werden. Zur Berechnung von N_a, $N_b, \ldots$ gilt also (analog Gl. 30):

$$(S_\alpha[\mathfrak{P}, N_a, \ldots] =)$$
$$S_\alpha^R[\mathfrak{P}] + N_a \cdot S_\alpha^R[N_a = 1] + \cdots = 0 \qquad (41)$$

usw.

Für eine Stabkraft S_{kj} des gegebenen Fachwerks gilt dann allgemein (vgl. Gl. 34, 31):

$$\begin{aligned} S_{kj} = {} & S_{kj}^{Zw}[\mathfrak{P}] + S_{kj}^R[\mathfrak{P}] \\ & + N_a \cdot \{S_{kj}^{Zw}[N_a = 1] + S_{kj}^R[N_a = 1]\} \\ & + \cdots, \end{aligned} \qquad (42)$$

worin die Glieder mit dem Zeiger *Zw* bzw. die Glieder mit dem Zeiger *R* zu streichen sind, falls der Stab nicht im Zwischenfachwerk bzw. nicht im Reststabwerk (darin auch nicht als Abschnitt eines größeren Stabes) enthalten ist.

8. Zerlegung in Scheiben

a) Aufteilung des Fachwerks

Oft ist es zweckmäßig, ein gegebenes (räumliches) Fachwerk (s. Bild 23 a) in eine — möglichst geringe — Anzahl von ebenen Stabgruppen zu zerlegen, von denen jede für sich — wenn sie irgendwo mit 3 Fesseln in ihrer Ebene stabil gelagert wäre — als ein statisch bestimmtes ebenes Gelenkfachwerk aufgefaßt werden könnte. Diese Zerlegung erfolgt, indem (s. Bild 23 b) geeignete Stäbe des gegebenen Fachwerks ihrer Länge nach in 2 oder auch mehr Teilstäbe aufgespalten werden. — Die so entstandenen ebenen Stabgruppen werden im folgenden als „Scheiben“ bezeichnet; ihre Anzahl sei „*Sch*“. (Evtl. kann bereits eine Gruppe von 3 Stäben, die

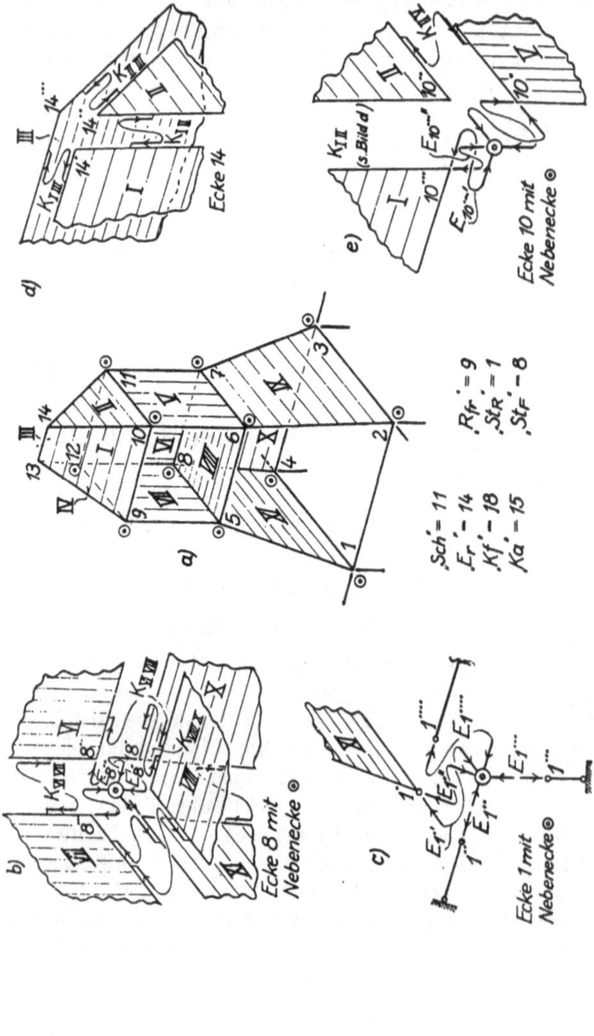

Bild 23. Zerlegung eines Fachwerks in Scheiben usw.

ein geschlossenes Dreieck bilden, als eine Scheibe angesehen werden.)
Es kann sein, daß bei einer solchen Zerlegung einzelne Stäbe übrig bleiben, d. h. zu keiner der entstandenen Scheiben gehören (z. B. der Stab 1–2 in Bild 23a). Solche Stäbe werden im folgenden als „Reststäbe" bezeichnet; ihre Anzahl sei „St_R".
Die Fesseln zwischen dem gegebenen Fachwerk und dem Erdboden usw. seien (zunächst) als „Fesselstäbe" aufgefaßt; ihre Anzahl sei „St_F".
Die Strecken, längs deren sich im gegebenen Fachwerk zwei oder mehr Scheiben berühren (d. s. die Strecken, längs deren die Aufspaltung vorgenommen worden ist), werden im folgenden als „Kanten" des gegebenen Fachwerks bezeichnet – auch im Sonderfall, daß zwei sich längs einer Strecke berührende Scheiben in einer Ebene liegen; die Anzahl der Kanten sei „*Ka*".
Die Punkte des gegebenen Fachwerks, an denen Kanten, Fesselstäbe oder Reststäbe enden, werden im folgenden „räumliche Ecken" genannt; ihre Anzahl sei „E_r".
Sofern eine Scheibe einen freien Rand[1]) besitzt, der sich zwischen zwei räumlichen Ecken erstreckt (und auch einen Polygonzug darstellen kann), wird die Strecke, die durch die beiden räumlichen Ecken begrenzt ist, als „freie Randstrecke" bezeichnet (s. z. B. 1–5 und 5–6 in Bild 23a); die Anzahl der freien Randstrecken sei „R_{fr}".

Sofern sich – längs einer Kante – zwei Scheiben berühren (s. Bild 23), wird zwischen ihnen eine Fessel parallel der Kante angenommen (s. Bild 23d, e), und zwar an irgendeinem auf der Kante liegenden Knoten des gegebenen Fachwerks, z. B. an einem Endpunkt der Kante. Diese Fesseln und die in ihnen wirkenden Fesselkräfte werden

[1]) D. i. ein Rand, der keine Kante darstellt.

„Kantenfesseln“ bzw. „Kantenkräfte K“ genannt. – Sofern sich (längs einer Kante) 3, 4, ... Scheiben berühren (s. Bild 23b), werden sie zu 2, 3, ... Paaren zusammengefaßt (z. B. – s. Bild 23b – zu den Paaren VI/VIII, VIII/X) und wird zwischen den beiden Scheiben eines jeden dieser 2, 3, ... Paare eine solche Kantenfessel eingeführt. – Die Anzahl der Kantenfesseln und damit zugleich die der Kantenkräfte K sei insgesamt „Kf“.

Eine notwendige Bedingung dafür, daß das gegebene (räumliche) Fachwerk als statisch bestimmtes Gelenkfachwerk aufgefaßt werden kann, ist die Erfüllung der Gleichung

$$3(\text{„}Sch\text{“} + \text{„}E_r\text{“}) = \text{„}Kf\text{“} + 2\,(\text{„}Ka\text{“} + \text{„}R_{fr}\text{“}) + \text{„}St_R\text{“} + \text{„}St_F\text{“}. \qquad (43)$$

Zur praktischen Berechnung der Stabkräfte des gegebenen Fachwerks wird zweckmäßig noch folgendes angenommen: Unmittelbar neben denjenigen räumlichen Ecken,
an denen Reststäbe oder – bzw. und – Fesselstäbe enden (Ecken 1, 2, 3, 4 in Bild 23a) oder
bei denen die Gesamtzahl der zusammentreffenden Kanten und ggf. freien Randstrecken größer als 3 ist (Ecken 7, 8, 11, 12 und 5, 6, 9, 10 in Bild 23a),
wird noch ein zusätzlicher Punkt – im folgenden „Nebenecke“ genannt – eingeführt. Er sei mittels (gedachter) Fesseln – im folgenden „Eckenfesseln“ genannt – an dem zerlegten Fachwerk angeschlossen; zu diesen Eckenfesseln gelte folgendes (s. Bild 23b, c, e):

Ihre Anzahl sei gleich der Summe der Kanten, freien Randstrecken, Reststäbe, Fesselstäbe, die an der betr. räumlichen Ecke enden;
je eine sei den (an der Ecke) zusammentreffenden Kanten, freien Randstrecken, Reststäben und Fesselstäben parallel,
jede zu einer Kante parallele Eckenfessel sei an einer der Scheiben angeschlossen, die diese Kante berühren;

jede zu einer freien Randstrecke parallele Eckenfessel (s. Bild 23e) sei an derjenigen Scheibe angeschlossen, zu der die freie Randstrecke gehört;
jede zu einem Rest- oder Fessel-Stab parallele Eckenfessel (s. Bild 23c) sei an diesem Rest- bzw. Fessel-Stab angeschlossen.

Die in den Eckenfesseln auftretenden Fesselkräfte werden im folgenden „Eckenkräfte E" genannt. (Die Eckenkraft in einer Eckenfessel, die an einem Fesselstab angeschlossen ist (s. Bild 23c), stellt – entsprechende Vorzeichenregelung vorausgesetzt – unmittelbar die betreffende Fessel-Stabkraft dar.)

b) Aufteilung des Belastungszustandes

Greift eine dem gegebenen Fachwerk eingeprägte Kraft $\mathfrak{P}_k$ an einem Knoten k an, bei dem eine Nebenecke liegt, so wird angenommen, $\mathfrak{P}_k$ greife an dieser Nebenecke an.

Greift $\mathfrak{P}_k$ an einem Knoten an, bei dem keine Nebenecke eingeführt ist, so wird über $\mathfrak{P}_k$ wie folgt verfügt:

α) Wirkt $\mathfrak{P}_k$ in einer den Knoten k enthaltenden Kante, so wird – nach freier Entscheidung – angenommen, $\mathfrak{P}_k$ sei einer der Scheiben eingeprägt, denen k angehört;
β) wirkt $\mathfrak{P}_k$ nicht in einer Kante, jedoch in der Ebene einer den Knoten k enthaltenden Scheibe, so wird angenommen, $\mathfrak{P}_k$ sei dieser Scheibe eingeprägt;
γ) wirkt $\mathfrak{P}_k$ in keiner den Knoten k enthaltenden Kante oder Scheibe, so wird $\mathfrak{P}_k$ durch 3 Kräfte $\mathfrak{P}_k'$, $\mathfrak{P}_k''$, $\mathfrak{P}_k'''$ ersetzt, deren Resultierende gleich $\mathfrak{P}_k$ ist und deren Wirkungslinien in zweien – oder auch in dreien – der Scheiben liegen, die den Knoten k enthalten. – Zweckmäßig werden diese Wirkungslinien gleich den Systemlinien von 3 Stäben gewählt, die in k zusammentreffen; denn dann sind ihre Einheitsvektoren $\mathfrak{e}'$, $\mathfrak{e}''$, $\mathfrak{e}'''$ durch diejenigen der betr. Stäbe gegeben. – Für

die Beträge P'_k, P''_k, P'''_k gilt nach obigem und nach Bd. I, Gl. 26a und 18:

$$\mathfrak{P}'_k + \mathfrak{P}''_k + \mathfrak{P}'''_k = \mathfrak{P}_k\,, \qquad (44\text{a})$$

$$P'_k \mathfrak{e}' + P''_k \mathfrak{e}'' + P'''_k \mathfrak{e}''' = \mathfrak{P}_k\,, \qquad (44\text{b})$$

also:

$$\begin{aligned} P'_k e'_{x(k)} + P''_k e''_{x\,(k)} + P'''_k e'''_{x\,(k)} - P_{x(k)} &= 0, \\ P'_k e'_{y(k)} + P''_k e''_{y\,(k)} + P'''_k e'''_{y\,(k)} - P_{y(k)} &= 0, \qquad (44\text{c}) \\ P'_k e'_{z(k)} + P''_k e''_{z\,(k)} + P'''_k e'''_{z\,(k)} - P_{z(k)} &= 0. \end{aligned}$$

(Je nachdem die sich hieraus ergebenden Zahlenwerte P'_k, P''_k, P'''_k positiv oder negativ sind, weisen $\mathfrak{P}'_k$, $\mathfrak{P}''_k$, $\mathfrak{P}'''_k$ im oder entgegen dem Richtungssinn von $\mathfrak{e}'$, $\mathfrak{e}''$, $\mathfrak{e}'''$.)

c) Gleichungen

Zur Berechnung der Unbekannten K und E stehen folgende „Teilkörper-Gleichungen" zur Verfügung:

α) zu jeder Scheibe: 3 Gleichgewichtsbedingungen (in der Scheibenebene), z. B. 2 Kräftegleichungen bezüglich zweier Richtungen parallel der Scheibe sowie eine Momentengleichung bezüglich einer Achse senkrecht zur Scheibe (Unbekannte: die an der Scheibe angreifenden Kantenkräfte K und ggf. Eckenkräfte E);

β) zu jedem Reststab: die Kräftegleichung bezüglich seiner Systemlinie (Unbekannte: die am Stab angreifenden Eckenkräfte E);

γ) zu jeder Nebenecke: 3 Kräftegleichungen, z. B. bezüglich der Richtungen x, y, z (Unbekannte: die an der Nebenecke angreifenden Eckenkräfte E).

Nach Berechnung der Unbekannten K und E sind alle an den einzelnen Scheiben, Reststäben und Fesselstäben auftretenden Kräfte bekannt.

Die einzelnen Scheiben können dann als bereits entfesselte (ebene) Fachwerke angesehen werden; ihre Stabkräfte S_{kj}^{Sch} können dann (z. B. nach Cremona) ermittelt werden.

Sofern ein Stab mehreren Scheiben I, II, ... angehört, gilt für seine Stabkraft:

$$S_{kj} = S_{kj}^{I} + S_{kj}^{II} + \cdots. \tag{45}$$

Auch bei der hier geschilderten Behandlungsweise von räumlichen Fachwerken ist es oft vorteilhaft, zuerst am gegebenen Fachwerk eine Berechnung der Fesselkräfte (Fessel-Stabkräfte) vorzunehmen[1]).

C. Andere Stabwerke

1. Vorbemerkungen

Auch bei Stabwerken, die nicht als Gelenkfachwerke aufgefaßt werden können, ist es mitunter möglich, sie näherungsweise als statisch bestimmte Stabwerke anzusehen, indem zwar nicht von allen Stäben, wohl aber von einer Anzahl der Stäbe angenommen werden kann, sie seien gelenkig angeschlossen. Das kommt allerdings nur für solche Stäbe in Betracht, die weder zur Einleitung von äußeren Kräften (bzw. Kraft-Komponenten) senkrecht zu ihrer Systemlinie, noch zur Einleitung von äußeren Momenten vorgesehen sind. Solche Stäbe sind nämlich normalerweise verhältnismäßig nachgiebig gegenüber der Auswirkung von Biege- und Torsionsmomenten[2]).

So kann z. B. bei dem Stabwerk in Bild 24 angenommen werden, außer dem tatsächlich vorhandenen Gelenk an der

---

[1]) Werden die äußeren Fessellasten, wie es oft möglich und zweckmäßig ist, gesondert berechnet (z. B. nach II oder III), so gehen ihre Beträge als bereits bekannte Größen in die Teilkörper-Gleichungen ein. Dann werden so viele der Teilkörper-Gleichungen überzählig, wie äußere Fessellasten mit bereits bekannten Beträgen eingesetzt sind.

[2]) Eine einwandfreie Entscheidung darüber, ob es zulässig ist, gelenkige Stab-Anschlüsse anzunehmen, ist nur auf Grund von exakten Untersuchungen im Einzelfall möglich (s. dazu Bd. III).

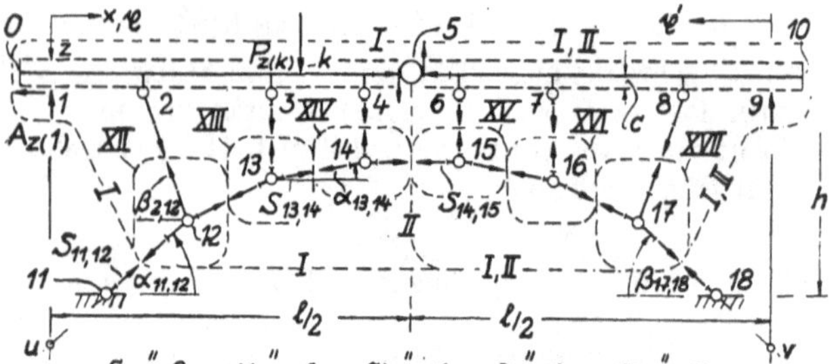

„S_{gr}" = 2; „K_g" = 6, „Stg" = 11; „G_2" = 1; „St_{fw}" = 5

Gl. I a: $-A_{x(1)} - S_{11,12}\cos\alpha_{11,12} + S_{17,18}\cos\beta_{17,18} + \Sigma P_{x(k)} = 0,$

Gl. I b: $A_{z(9)}\ell + A_{x(1)}(h-c) - S_{17,18}\bar{r} - \Sigma P_{x(k)}h - \Sigma P_{z(k)}\varphi_k + \Sigma M_{y(k)} = 0,$

Gl. I c: $-A_{z(1)}\ell + A_{x(1)}(h-c) + S_{11,12}\bar{\bar{r}} - \Sigma P_{x(k)}h + \Sigma P_{z(k)}\varphi'_k + \Sigma M_{y(k)} = 0,$

Σ erstreckt über die Lastangriffsstellen am Gurt 0—5—10

Gl. II: $-S_{14,15}d - S_{17,18}\varrho + A_{z(9)}\frac{\ell}{2} - \Sigma' P_{z(k)}\left(\frac{\ell}{2} - \varphi'_k\right) + \Sigma' M_{y(k)} = 0$

Σ' erstreckt über die Lastangriffsstellen am Teil-Gurt 5—10

Gl. XIV a: $-S_{13,14}\cos\alpha_{13,14} + S_{14,15} = 0$

XIV b: $-S_{4,14} + S_{13,14}\sin\alpha_{13,14} = 0$

XIII a: $-S_{12,13}\cos\alpha_{12,13} + S_{13,14}\cos\alpha_{13,14} = 0$

XIII b: $-S_{3,13} + S_{12,13}\sin\alpha_{12,13} - S_{13,14}\sin\alpha_{13,14} = 0$

XII a: $-S_{11,12}\cos\alpha_{11,12} - S_{2,12}\cos\beta_{2,12} + S_{12,13}\cos\alpha_{12,13} = 0$

XII b: $S_{11,12}\sin\alpha_{11,12} - S_{2,12}\sin\beta_{2,12} - S_{12,13}\sin\alpha_{12,13} = 0$

Gl. XV a: $S_{15,16}\cos\beta_{15,16} - S_{14,15} = 0$

XV b: $-S_{6,15} + S_{15,16}\sin\beta_{15,16} = 0$

XVI a: $S_{16,17}\cos\beta_{16,17} - S_{15,16}\cos\beta_{15,16} = 0$

XVI b: $-S_{7,16} + S_{16,17}\sin\beta_{16,17} - S_{15,16}\sin\beta_{15,16} = 0$

XVII a: $S_{17,18}\cos\beta_{17,18} + S_{8,17}\cos\alpha_{8,17} - S_{16,17}\cos\beta_{16,17} = 0$

XVII b: $S_{17,18}\sin\beta_{17,18} - S_{8,17}\sin\alpha_{8,17} - S_{16,17}\sin\beta_{16,17} = 0$

Bild 24. Statisch bestimmtes Stabwerk (die in den Formeln u. a. vorkommenden Hebelarme $\bar{r}$, $\bar{\bar{r}}$, d, ϱ sind im Bild nicht eingezeichnet)

Stelle 5 befänden sich weitere Gelenke (s. Bild) an den Enden aller Stäbe unterhalb des Gurtes 0—5—10. (Unter dieser Annahme ist das Stabwerk statisch bestimmt, wie aus den nachfolgenden Ausführungen hervorgeht.)

2. Abzählkriterium

Betrachtet seien ebene, in ihrer Ebene belastete Stabwerke, in denen die einzelnen Stäbe steif oder gelenkig miteinander verbunden sind und deren äußere Fesseln in der Stabwerksebene und senkrecht zu dieser liegen. Oft ist es möglich, ein solches Stabwerk in Teilgebilde zerlegt zu denken (vgl. Bild 24), z. B. in:

α) einzelne Stabgruppen, von denen ohne weiteres feststeht, daß sie für sich allein – wenn sie irgendwo mit 3 Wegfesseln in ihrer Ebene stabil angeschlossen wären (oder sind) – statisch bestimmte Stabwerke darstellen würden, z. B.: statisch bestimmte Gelenkfachwerke, verästelte Stäbe, Stabzüge (s. z. B. die Gurt-Abschnitte 0–5 und 5–10 in Bild 24) – die Anzahl dieser Stabgruppen sei „Sgr" ($\geqq 0$);

β) einzelne Stäbe, die an ihrem einen Ende am Erdboden usw. eingespannt, am anderen Ende gelenkig an Knoten des Stabwerks angeschlossen sind – Anzahl: „St_e" ($\geqq 0$);

γ) Stäbe, die beiderseitig gelenkig an Knoten des Stabwerks angeschlossen sind – Anzahl: „St_g" ($\geqq 0$);

δ) Weg-Fesselstäbe (Wegfesseln, Pendelstützen) in der Stabwerksebene – Anzahl: „St_{fw}" ($\geqq 2$);

ε) Dreh-Fesselstäbe (Drehfesseln, Stäbe lt. Bild 7) senkrecht zur Stabwerksebene – Anzahl: „St_{fd}" ($\geqq 0$);

ζ) die übrigen – hier nicht interessierenden – Fesselstäbe.

Schließlich bezeichne

„G_2", „G_3", „G_4", $\cdots$ ($\geqq 0$) die Anzahl derjenigen Gelenke, in denen je 2, 3, 4, ... der unter α und β genannten Teilgebilde örtlich (d. h. mittels eines Bolzens) miteinander verbunden sind,

„K_g" ($\geqq 0$) die Anzahl derjenigen Knoten, in denen nur Stäbe der unter γ und δ genannten Art gelenkig miteinander verbunden sind.

Eine notwendige Bedingung für die statische Bestimmtheit des gegebenen Stabwerks ist dann die Erfüllung des folgenden Abzählkriteriums:

$$3(\text{„}Sgr\text{“} + \text{„}St_e\text{“}) + 2\,\text{„}K_g\text{“} = 2\,(\text{„}G_2\text{“} + 2\,\text{„}G_3\text{“} + 3\,\text{„}G_4\text{“} + \cdots) + \text{„}St_g\text{“} + \text{„}St_{fw}\text{“} + \text{„}St_{fd}\text{“}. \quad (46)$$

3. Verwendung von Teil-Stabwerken (Beispiel)

a) Allgemeines

Die Schnittlasten in den Stäben eines statisch bestimmten Stabwerks können stets nach IV A 1 bis 3 ermittelt werden. Bei einfachen Konstruktionen gestaltet sich jedoch die Schnittlasten-Ermittlung meistens weit übersichtlicher, wenn teils einzelne Teil-Stabwerke, teils einzelne Knoten sowie Stäbe abgetrennt und für diese die Gleichgewichtsbedingungen aufgestellt werden, so z. B. bei dem Stabwerk in Bild 24:

Schnitt I. Kräftegleichung im Sinne x: Gl. Ia (s. Bild); Momentengleichungen bezüglich Achsen (parallel y) durch u und v: Gl. Ib und c.

Schnitt II. Momentengleichung bezüglich einer Achse durch 5: Gl. II.

Schnitte XIV, XV; XIII, XVI; XII, XVII. Kräftegleichungen im Sinne x und z: Gl. XIVa und b, XVa und b, ...

Zweckmäßig werden dann zunächst alle Stabkräfte des Stabzuges 11—12— ... —18, desgl. die Fesselkräfte des Gurtes 0—5—10, durch die (noch unbekannte) Stabkraft $S_{14,15}$ ausgedrückt (Verwendung der Gl. XIVa, XIIIa, XIIa und b; XVa, XVIa, XVIIa und b; Ia; Ib; Ic). Dann ergibt sich $S_{14,15}$ aus Gl. II. Mit $S_{14,15}$ ergeben sich aus den einzelnen Gleichungen die Zahlenwerte aller Unbekannten S und A. Der Gurt 0—5—10 kann dann als entfesselter Stab angesehen und nach Bd. I, S. 58ff., weiterbehandelt werden, an dem — außer den ihm eingeprägten Lasten $\mathfrak{P}_k$, M_k — die Fesselkräfte (A) und die von den Stäben 2—12, 3—13, 4—14, 6—15, 7—16, 8—17 ausgeübten Kräfte wirken. (Sofern der Zahlenwert einer solchen Kraft negativ ist, wirkt sie entgegen dem im Bild eingetragenen Pfeil.)

b) Einflußlinien (zum Stabwerk nach Bild 24)

Ausdrücke für die Einflußlinien der in den Gleichungen lt. Bild 24 vorkommenden Größen A und S können aus diesen Gleichungen entwickelt werden, indem diese speziell für den Belastungszustand „wandernde Einzellast vom Betrage 1, momentan an einer Stelle m der Fahrbahn" angeschrieben werden.

Weit einfacher ergeben sich diese Einflußlinien jedoch, indem ihre Ordinaten an der Stelle 5 numerisch berechnet werden (Anwendung der Gleichungen in Bild 24 auf den Belastungszustand „$P_z = 1$ in 5"); denn diese Einflußlinien verlaufen zwischen 0 und 5 sowie zwischen 5 und 10 geradlinig, und ihre Ordinaten unter 1 und 9 sind von vornherein bekannt, nämlich:

$$A_{z(1);m=1} = 1, \quad A_{z(1);m=9} = 0;$$
$$A_{z(9);m=1} = 0, \quad A_{z(9);m=9} = 1;$$
$$S_{ik;m=1} = S_{ik;m=9} = 0;$$
$$(A_{x;m} = 0).$$

Ausdrücke für die Einflußlinien der Schnittlasten an einer Stelle j des Gurtes (z. B. $B_{(j);m}$ in Bild 25a) ergeben sich anschließend auf Grund von geeigneten Schnitten, indem an Hand der Gleichgewichtsbedingungen des einen oder anderen Gurt-Abschnittes die betreffende Schnittlast durch die Fesselkräfte A und Stabkräfte S ausgedrückt wird.

4. Verwendung von Ersatz-Stabwerken

a) Allgemeines

Analog dem in IV B 6 Dargelegten sei statt des gegebenen Stabwerks (s. Bild 25a) zunächst ein bequemer erfaßbares „Ersatz-Stabwerk“ betrachtet (s. Bild 25b), das aus dem gegebenen Stabwerk hervorgeht, indem der Stab 14—15 zerschnitten und durch eine innere Drehfessel (Biegemomen-

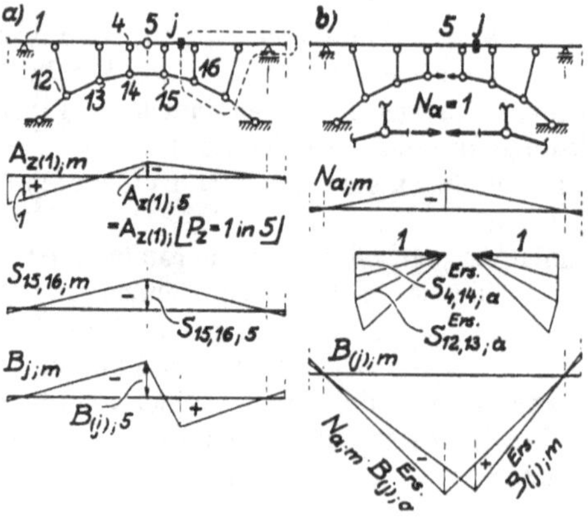

Bild 25. Stabwerk (a) und Ersatzstabwerk (b)

ten-Fessel, vgl. Bd. I, S. 51f.) an der Stelle 5 ersetzt wird (Ausschaltung des Gelenkes). An dem so geschaffenen Ersatzstabwerk werden dann zu Belastungszuständen „$\mathfrak{P}$“ und „$N_a = 1$“ (vgl. IV B 6) die Schnittlasten

$$S^{\mathrm{Ers}}[\mathfrak{P}], \quad B^{\mathrm{Ers}}[\mathfrak{P}], \quad Q^{\mathrm{Ers}}[\mathfrak{P}];$$
$$S^{\mathrm{Ers}}[N_a = 1], \quad B^{\mathrm{Ers}}[N_a = 1], \quad Q^{\mathrm{Ers}}[N_a = 1]$$

berechnet. (Für die Stabkräfte $S^{\mathrm{Ers}}[N_a = 1]$ unterhalb des Gurtes gelten die Gleichungen XIV, XIII, XII und XV,

XVI, XVII lt. Bild 24. Diese können hier leicht zeichnerisch aufgelöst werden, indem – s. Bild 25b –, ähnlich wie bei einem Cremona-Plan, die Kräftedreiecke zu den Knoten 14, 13, 12 einerseits, 15, 16, 17 andererseits gezeichnet werden.)

An der Gelenkstelle 5 des gegebenen Stabwerks muß das Biegemoment $B_{(5)}$ gleich Null sein. Daher gilt analog Gl. 30:

$$B_{(5)}^{\text{Ers}}[\mathfrak{P}] + N_a \cdot B_{(5)}^{\text{Ers}}[N_a = 1] = 0, \qquad (47\text{a})$$

also

$$N_a = -\frac{B_{(5)}^{\text{Ers}}[\mathfrak{P}]}{B_{(5)}^{\text{Ers}}[N_a = 1]}. \qquad (47\text{b})$$

Abschließend gilt für die Schnittlasten des gegebenen Stabwerks (analog Gl. 31):

$$\begin{aligned} C\ (= S \text{ bzw. } B \text{ bzw. } Q) \\ = C^{\text{Ers}}[\mathfrak{P}] + N_a \cdot C^{\text{Ers}}[N_a = 1] \end{aligned} \qquad (48)$$

und speziell

$$S_{14,15} = N_a.$$

b) Einflußlinien

Zur Ermittlung der Einflußlinien gilt Entsprechendes, wie in IV B 6b ausgeführt:

$$N_{a;m} = \frac{1}{B_{(5)}^{\text{Ers}}[N_a = 1]} \cdot B_{(5);m}^{\text{Ers}} \qquad (49)$$

(s. Bild 25b) und damit für irgendeine Schnittlast $C_{(j)}$:

$$C_{(j);m} = C_{(j);m}^{\text{Ers}} + N_{a;m} \cdot C_{(j)}^{\text{Ers}}[N_a = 1] \qquad (50)$$

(s. $B_{(j);m}$ in Bild 25b).

D. Anwendung des Prinzips der virtuellen Verrückungen

1. Allgemeines

Die in Bd. I, S. 88ff., durchgeführten Überlegungen lassen sich leicht auf ebene Stabwerke ausdehnen. Die einzelnen „Scheiben“, in die das Stabwerk zerfällt, wenn die betreffende (äußere oder innere) Fessel zerschnitten wird, bestehen aus Teil-Stabgruppen (s. IV C 2), evtl. auch aus Einzelstäben: s. z. B. das in Bild 26 wiedergegebene Gelenkfachwerk. In diesem ist — zwecks Ermittlung von S_{ik} — die zum Stab $i-k$ parallele Fessel am einen Ende des Stabes zerschnitten und ist dem daselbst liegenden Knoten i ein virtueller Weg $\mathfrak{w}_i$ (senkrecht zum Polstrahl 0.1—i) erteilt.

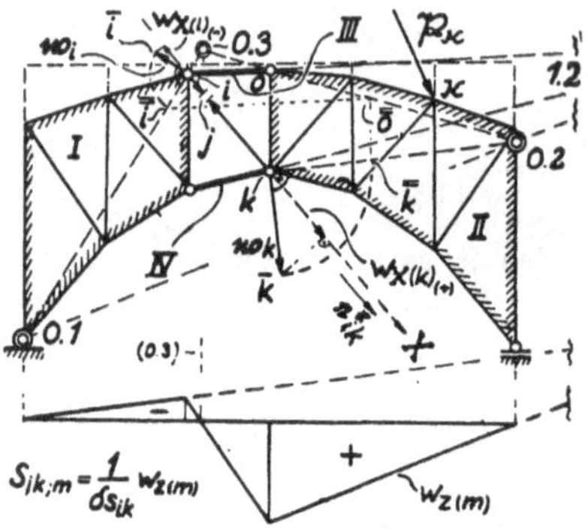

Bild 26. Virtueller Verschiebungszustand an einem aufgeschnittenen Fachwerk

Bei einem Fachwerk ist der virtuelle Verschiebungssprung (s. Bd. I, Gl. 91):

$$\delta w_{X(j)} = w_{X(i)} - w_{X(k)} \tag{51a}$$

gleich der (— 1)fachen Abstandsänderung δs_{ik} der Endpunkte des zerschnittenen Stabes $i-k$; also gilt:

$$\delta w_{X(j)} = -1 \cdot \delta s_{ik}. \tag{51b}$$

2. Verwendung von Polen

Der — zusammen mit $\mathfrak{w}_i$ (s. IV D 1) — den Verschiebungssprung $\delta w_{X(j)}$ bestimmende Weg $\mathfrak{w}_k$ von k (s. Bild 26) ergibt sich an Hand der gedrehten Knotenwege (vgl. Bd. I, S. 90f.), also durch Zeichnen des Geradenzuges $\bar{\bar{i}} - \bar{\bar{o}} - \bar{\bar{k}}$ und anschließendes Zurückdrehen von $k \to \bar{\bar{k}}$ in die Lage $k \to \bar{k} = \mathfrak{w}_k$.

Durch ähnliche Zeichnungen ergeben sich (vgl. Bd. I, S. 93ff.) die Wege $\mathfrak{w}_\varkappa$ der Angriffsstellen $\varkappa$ von eingeprägten Kräften $\mathfrak{P}_\varkappa$, und es gilt (analog Bd. I, Gl. 94, 96, 97):

$$S_{ik} = -\frac{1}{\delta w_{X(j)}} \sum_\varkappa \mathfrak{P}_\varkappa \mathfrak{w}_\varkappa = \frac{1}{\delta s_{ik}} \sum_\varkappa \mathfrak{P}_\varkappa \mathfrak{w}_\varkappa \qquad (52)$$

(wobei die virtuellen Arbeiten auch — s. Bd. I, Gl. 95 — als Momente der Kräfte $\mathfrak{P}_\varkappa$ bezüglich $\bar{\bar{\varkappa}}$ berechnet werden können). Zugleich ergeben sich die zur Einflußlinien-Ermittlung benötigten Wegkomponenten $w_{z(m_\nu)}$ der Fahrbahn-Anschlußknoten m_ν (vgl. Bd. I, S. 98 und Bild 26).

Falls die Fesselkraft in einer der Fesseln des Stabwerks am Erdboden usw. beim betreffenden Belastungszustand gleich Null ist, kann die Zeichnung u. U. vereinfacht werden, indem diese Fessel an eine geeignete andere Stelle des Stabwerks gelegt wird (s. die in Bild 27 wiedergegebenen Beispiele).

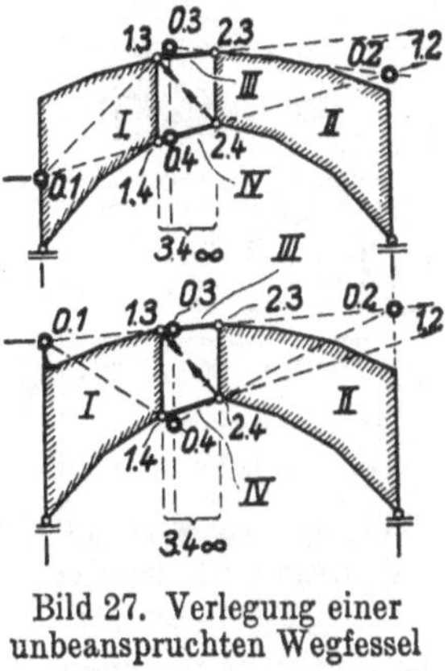

Bild 27. Verlegung einer unbeanspruchten Wegfessel

3. Andere Verfahren

Wenn ein Fachwerk mit dem Zerschneiden eines Stabes in eine größere Anzahl von Scheiben zerfällt, wird die Ermittlung der Pole oft unübersichtlich. Dann empfiehlt es sich, die virtuellen Knotenwege auf andere Weise – ohne Verwendung der Pole – zu ermitteln. Zweckmäßig wird dazu angenommen, die virtuelle Verrückung komme dadurch zustande, daß die Länge s_{ik} des zerschnittenen Stabes $i-k$ um einen Betrag $\delta s_{ik} = 1$ verändert wird (während für alle übrigen Stäbe die Aussage $\delta s = 0$ gilt). Die virtuellen Wege der einzelnen Knoten können dann mittels eines sog. „Williot-Planes" bestimmt werden, der in V D 4 behandelt ist[1]).

V. Formänderung

A. Grundverformungen

Unter der Belastung, der Temperatur und anderen Einflüssen führen die einzelnen Stellen einer Konstruktion Drehungen $\overline{\varphi}$ und Wege $\mathfrak{w}$ aus. Zu deren Ermittlung wird von folgender Vorstellung ausgegangen: Das einzelne „Stab-Element", das von zwei nahe benachbarten Querschnittsflächen begrenzt wird (s. Bild 28), erfahre unter den genannten Einflüssen bestimmte Verformungen, die sich aus 6 „Grundverformungen" (s. Bild 28) zusammensetzen lassen; zahlenmäßig seien diese Grundverformungen beschrieben durch die Drehungskomponenten der rechten Querschnittsfläche gegen die linke: Beträge $\delta_{\varphi X}$, $\delta_{\varphi Y}$, $\delta_{\varphi Z}$ sowie

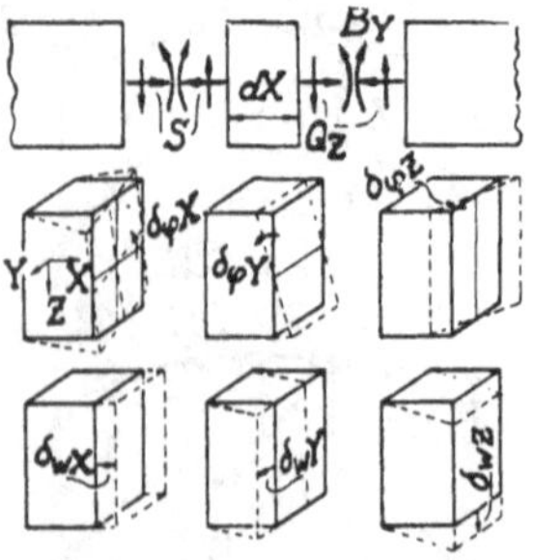

Bild 28. Stab-Element und Grundverformungen

[1]) Auf eine weitere Möglichkeit zur Ermittlung der virtuellen Knotenwege, die – ohne Verwendung von Polen – darauf beruht, daß die Knotenwege wieder an Hand der gedrehten Wege ermittelt werden, kann aus Raumgründen nicht eingegangen werden.

die Wegkomponenten der rechten Querschnittsfläche gegen die linke: Beträge δ_{wX}, δ_{wY}, δ_{wZ}.

Verformungen des Elementes, bei denen sich auch die Querschnittsflächen verändern (z. B. verwölben), werden damit nicht erfaßt. – Zufolge dieser und anderer Vernachlässigungen sind die nachfolgenden Ausführungen nur als Näherungsbetrachtungen zu bewerten, die – je nach den auf die Konstruktion wirkenden Einflüssen – um so weniger gelten,
je kleiner die Krümmungsradien der Stab-Systemlinie sind,
je größer die Querschnitts-Abmessungen im Verhältnis zur Stab-Länge sind,
je mehr sich die Querschnitts-Form von der des Kreises oder des Kreisringes unterscheidet.

	T	B_Y	B_Z	S	Q_Y	Q_Z	t_{Sch}	$t_u - t_o$	$t_r - t_v$	
$\delta_{\varphi X}$	$\frac{dX}{GJ_T}$				$\frac{Z_\mu dX}{GJ_T}$	$\frac{-Y_\mu dX}{GJ_T}$				$\delta^!_{\varphi X}$
$\delta_{\varphi Y}$		$\frac{dX}{EJ_Y}$						$\alpha_t \frac{dX}{h}$		$\delta^!_{\varphi Y}$
$\delta_{\varphi Z}$			$\frac{dX}{EJ_Z}$						$\alpha_t \frac{dX}{b}$	$\delta^!_{\varphi Z}$
δ_{wX}				$\frac{dX}{EF}$			$\alpha_t dX$			$\delta^!_{wX}$
δ_{wY}	$\frac{Z_\mu dX}{GJ_T}$				$\frac{dX}{GF_Y^Q} + \frac{Z_\mu^2 dX}{GJ_T}$	$-Z_\mu Y_\mu \frac{dX}{GJ_T}$				$\delta^!_{wY}$
δ_{wZ}	$\frac{-Y_\mu dX}{GJ_T}$				$-Z_\mu Y_\mu \frac{dX}{GJ_T}$	$\frac{dX}{GF_Z^Q} + \frac{Y_\mu^2 dX}{GJ_T}$				$\delta^!_{wZ}$

Tafel 4. Ausdrücke für die Grundverformungen

Z. B. die vierte Reihe der Tafel ist so zu lesen:

$$\delta_{wX} = S \cdot \frac{dX}{EF} + t_{Sch} \cdot \alpha_t dX + \delta^!_{wX}$$

Für den Zusammenhang der 6 Beträge $\delta_{\varphi X}, \ldots, \delta_{wX}, \ldots$ mit den Schnittlasten, der Temperatur und anderen Einflüssen werden die in Tafel 4 angegebenen Gesetzmäßigkeiten unterstellt. Dabei ist vorausgesetzt, in der Konstruktion träten nur Spannungen von solchen Beträgen auf, daß zwischen ihnen und den Dehnungen lineare Zusammenhänge angenommen werden können („Geradlinigkeitsgesetz"). Ferner ist unterstellt, das Baumaterial sei homogen und isotrop.

In Tafel 4 bedeuten[1]):

h, b (s. Bild 29a) die größte „Höhe" bzw. „Breite" der Stab-Querschnittsfläche,

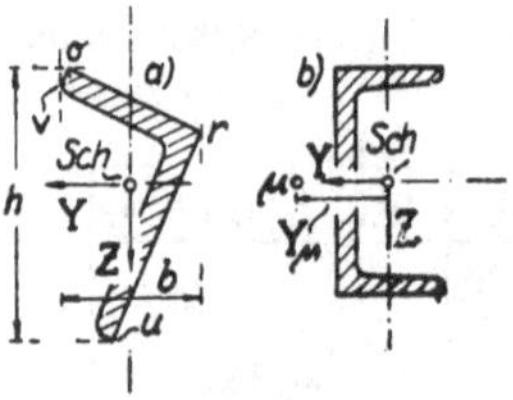

Bild 29. Bezeichnungen
Sch = Schwerpunkt,
μ = Schubmittelpunkt

t_{Sch}, t_u, t_o, t_r, t_v die Änderung der Temperatur gegenüber derjenigen, bei der die Konstruktion zusammengebaut worden ist, im einzelnen: die Änderung an den in Bild 29a gekennzeichneten Stellen Sch, u, o, r, v,

α_t den Temperatur-Koeffizienten,

EF die sog. „Längssteifigkeit" (E = Elastizitätsmodul, F = Querschnittsfläche),

EJ_Y, EJ_Z die sog. „Biegesteifigkeiten" bezüglich der Hauptträgheitsachsen Y bzw. Z (J_Y, J_Z = Flächenträgheitsmomente),

GJ_T die sog. „Torsionssteifigkeit" (G = Schubmodul, J_T = sog. Torsionswiderstand; ist die Querschnittsfläche kreis- oder kreisringförmig, so ist J_T gleich ihrem polaren Flächenträgheitsmoment),

[1]) Siehe dazu z. B. den Abschnitt „Festigkeitslehre und Elastizitätstheorie" von W. Flügge im Taschenbuch für Bauingenieure, herausgegeben von F. Schleicher, Springer-Verlag Berlin/Göttingen/Heidelberg; ferner: I. Szabó, „Einführung in die Technische Mechanik", Springer-Verlag Berlin/Göttingen/Heidelberg.

GF_Y^Q, GF_Z^Q die sog. „Schubsteifigkeiten" bezüglich der Richtungen Y bzw. Z (F_Y^Q, F_Z^Q = sog. „Schubwiderstände"),
Y_μ, Z_μ die Koordinaten des sog. „Schubmittelpunktes" μ (s. Bild 29b) der Querschnittsfläche (ist diese doppelt symmetrisch oder punktsymmetrisch, so ist $Y_\mu = Z_\mu = 0$),
$\overset{!}{\delta}_{\varphi X}, \cdots, \overset{!}{\delta}_{wX}, \cdots$ irgendwie sonst noch dem Element „eingeprägte" Grundverformungen, soweit diese in den ersten 9 Spalten der Tafel 4 noch nicht erfaßt sind.

Wenn im folgenden vorausgesetzt wird, die örtlichen Koordinatenachsen X, Y und Z seien parallel den Achsen eines für die ganze Konstruktion geltenden Koordinatensystems x, y, z, werden die Zeichen X, Y und Z durch x, y und z ersetzt.

B. Ermittlung von einzelnen Verschiebungsgrößen

1. Allgemeine Beziehungen

a) Aufgabenstellung; ursächlicher Zustand U

Gefragt sei zunächst nur nach einer bestimmten Verschiebungsgröße δ_i,
z. B. nach einer Drehungs- oder Wegkomponente $\varphi_{g(i)}$, $w_{g(i)}$ an einer Stelle i der Konstruktion (s. Bild 30a)
oder nach der Summe, der Differenz oder irgendeiner anderen linearen Kombination von Drehungs- bzw. Wegkomponenten, d. h. nach dem Betrag eines Ausdrucks der Gestalt

$$\delta_i = a_1 \cdot \varphi_{g(j)} + a_2 \cdot \varphi_{h(k)} + \cdots + b_1 \cdot w_{c(j)} + b_2 \cdot w_{d(k)} + \cdots.$$

Die „Ursache" für das Zustandekommen der gesuchten Verschiebungsgröße δ_i sei
irgendein (gegebener) Belastungs- oder Temperaturzustand oder der Umstand, daß Stab-Elementen gewisse Grundverformungen eingeprägt sind — oder daß Lagern bzw.

Einspannungen gewisse Verschiebungen eingeprägt sind, oder gleichzeitiges Vorliegen von verschiedenen Zuständen solcher Art,

kurz: ein „ursächlicher Zustand U“, gegeben durch

Lasten $\mathfrak{P}^U$, $\mathfrak{M}^U$,

ggf. durch Temperaturgrößen t^U_{Sch}, t^U_u, t^U_o, ...

sowie ggf. durch eingeprägte Grundverformungen $\delta^{!U}_{\varphi X}$, ..., $\delta^{!U}_{wX}$, ..., durch Wege $\mathfrak{w}^{!U}$ bzw. Drehungen $\overline{\varphi}^{!U}$ von Lagern oder Einspannungen.

Als bekannt können dann angesehen werden (s. Bild 30a): die zugehörigen Schnittlasten B^U_Y, S^U, ... und damit lt. Tafel 4 die insgesamt zum Zustand U gehörenden Grundverformungen $\delta^U_{\varphi X}$, ..., δ^U_{wX}, ... der Stab-Elemente.

Die gesuchte Verschiebungsgröße δ_i wird zur Kennzeichnung ihrer Zugehörigkeit zum Zustand U fortan mit δ^U_i bzw. φ^U_i, w^U_i bezeichnet.

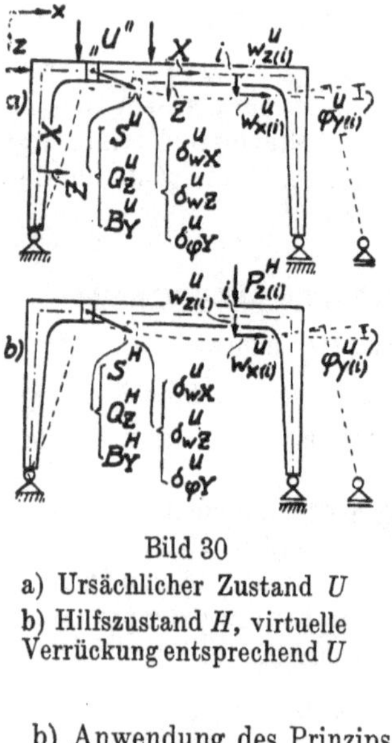

Bild 30
a) Ursächlicher Zustand U
b) Hilfszustand H, virtuelle Verrückung entsprechend U

b) Anwendung des Prinzips der virtuellen Verrückungen

α) Hilfszustand H

Zur Berechnung von δ^U_i wird zweckmäßig ein gedachter Belastungszustand zu Hilfe genommen, der im folgenden als „Hilfszustand H“ bezeichnet wird (s. Bild 30b). Näheres über ihn wird weiter unten ausgeführt. — Zunächst sei nur unterstellt, er bestehe aus irgendeiner Lastengruppe mit Kräften $\mathfrak{P}^H$ und Momenten $\mathfrak{M}^H$ an irgendwelchen Stellen der Konstruktion und die zugehörigen Schnittlasten B_Y^H, S^H, ... seien bekannt.

β) Virtueller Verschiebungszustand

Der nunmehr mit einem solchen Hilfszustand H belasteten Konstruktion werde ein virtueller Verschiebungszustand erteilt (s. Bd. I, S. 47f.), und zwar[1]) in der Weise, daß den Stab-Elementen der Konstruktion die (lt. obigem bekannten) Grundverformungen $\delta_{\varphi X}^U, \ldots, \delta_{wX}^U, \ldots$ des ursächlichen Zustandes U als „virtuelle Grundverformungen" erteilt werden. Dabei führen die einzelnen Stellen der Konstruktion (s. Bild 30b) Drehungen und Wege als „virtuelle Verschiebungen" aus, die den (noch unbekannten Drehungen $\overline{\varphi}^U$ und Wegen $\mathfrak{w}^U$) des ursächlichen Zustandes gleich sind.

γ) Arbeitsgleichung

An den „virtuellen Grundverformungen" leisten die im Innern der Stab-Elemente (s. Bild 31) wirkenden Schnittlasten des Hilfszustandes H virtuelle Arbeiten[2]):

$$\begin{aligned} &- B_Y^H \delta_{\varphi Y}^U, \quad - S^H \delta_{wX}^U, \\ &- T^H \delta_{\varphi X}^U, \quad - B_Z^H \delta_{\varphi Z}^U, \\ &- Q_Z^H \delta_{wZ}^U, \quad - Q_Y^H \delta_{wY}^U, \end{aligned} \tag{53}$$

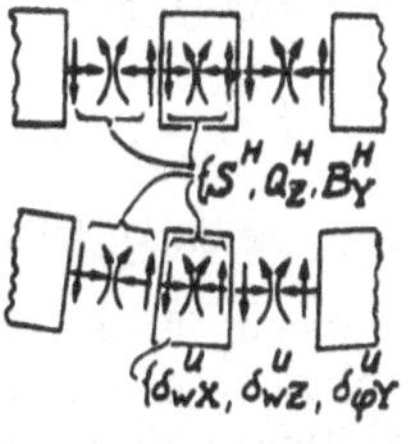

Bild 31. Schnittlasten des Hilfszustandes H; virtuelle Grundverformungen entsprechend Zustand U

also im ganzen Stab die virtuelle Arbeit

[1]) Anders als in III D!

[2]) Die zwischen zwei Stab-Elementen wirkenden Schnittlasten leisten selbstverständlich keine Arbeiten, weil zwischen den Stab-Elementen keine Verschiebungssprünge auftreten.

$$-\int_l^r \{B_Y^H \delta_{\varphi Y}^U + S^H \delta_{wX}^U + \cdots\} \tag{54a}$$

bzw. im ganzen Stabwerk die virtuelle Arbeit

$$-\Sigma \int_l^r \{B_Y^H \delta_{\varphi Y}^U + S^H \delta_{wX}^U + \cdots\}, \tag{54b}$$

Σ erstreckt über alle Stäbe.

An den „virtuellen Verschiebungen" (virtuellen Wegen und Drehungen) der Last-Angriffsstellen $\varkappa$ leisten die Lasten $\mathfrak{P}_\varkappa^H$, $\mathfrak{M}_\varkappa^H$ des Hilfszustandes H virtuelle Arbeiten

$$\mathfrak{P}_\varkappa^H \mathfrak{w}_\varkappa^U, \quad \mathfrak{M}_\varkappa^H \overline{\varphi}_\varkappa^U, \tag{55}$$

also an der ganzen Konstruktion:

$$\sum_\varkappa \mathfrak{P}_\varkappa^H \mathfrak{w}_\varkappa^U + \sum_\varkappa \mathfrak{M}_\varkappa^H \overline{\varphi}_\varkappa^U. \tag{56}$$

Insgesamt muß die Summe der virtuellen Arbeiten gleich Null sein (s. II H):

$$\sum_\varkappa \mathfrak{P}_\varkappa^H \mathfrak{w}_\varkappa^U + \sum_\varkappa \mathfrak{M}_\varkappa^H \overline{\varphi}_\varkappa^U = \Sigma \int_l^r \{B_Y^H \delta_{\varphi Y}^U + S^H \delta_{wX}^U + \cdots\}, \tag{57}$$

sog. „Arbeitsgleichung".

Indem für die Grundverformungen die Ausdrücke nach Tafel 4 eingesetzt werden, nimmt die Arbeitsgleichung die in Tafel 5 wiedergegebene Gestalt an.

Zur praktischen Anwendung wird die linke Seite der Arbeitsgleichung in Komponenten ausgedrückt, z. B. in Komponenten bezüglich x, y, z (s. das dazu in Tafel 5 Vermerkte).

Soweit die Koordinaten des Schubmittelpunktes (s. Bild 29b) gleich Null oder hinreichend klein sind, kann bei der Berechnung von Verschiebungsgrößen der Einfluß

$$
\begin{aligned}
&\sum_{\mathfrak{x}} \overset{H}{\mathfrak{P}}_{\mathfrak{x}} \overset{U}{\mathfrak{w}}_{\mathfrak{x}} + \sum_{\mathfrak{x}} \overset{H}{\mathfrak{M}}_{\mathfrak{x}} \overset{U}{\varphi}_{\mathfrak{x}} \\
&\quad - \sum_l \int \Big\{ \overset{H}{B}_Y \Big(\frac{\overset{U}{B}_Y}{EJ_Y} dX + \alpha_t \frac{\overset{U}{t}_u - \overset{U}{t}_o}{h} dX + \overset{!U}{\delta}_{\varphi Y} \Big) \\
&\qquad + \overset{H}{S} \Big(\frac{\overset{U}{S}}{EF} dX + \alpha_t \overset{U}{t}_{Sch} dX + \overset{!U}{\delta}_{wX} \Big) \\
&\qquad + \overset{H}{T} \Big(\frac{\overset{U}{T}}{GJ_T} dX + \overset{!U}{\delta}_{\varphi X} + \frac{\overset{U}{Q}_Y Z_\mu}{GJ_T} dX - \frac{\overset{U}{Q}_Z Y_\mu}{GJ_T} dX \Big) \\
&\qquad + \overset{H}{B}_Z \Big(\frac{\overset{U}{B}_Z}{EJ_Z} dX + \alpha_t \frac{\overset{U}{t}_r - \overset{U}{t}_l}{b} dX + \overset{!U}{\delta}_{\varphi Z} \Big) \\
&\qquad + \overset{H}{Q}_Z \Big[\overset{U}{Q}_Z \Big(\frac{1}{GF_Z^Q} + \frac{Y_\mu^2}{GJ_T} \Big) dX - \frac{\overset{U}{Q}_Y Y_\mu Z_\mu}{GJ_T} dX - \frac{\overset{U}{T} Y_\mu}{GJ_T} dX + \overset{!U}{\delta}_{wZ} \Big] \\
&\qquad + \overset{H}{Q}_Y \Big[\overset{U}{Q}_Y \Big(\frac{1}{GF_Y^Q} + \frac{Z_\mu^2}{GJ_T} \Big) dX - \frac{\overset{U}{Q}_Z Y_\mu Z_\mu}{GJ_T} dX + \frac{\overset{U}{T} Z_\mu}{GJ_T} dX + \overset{!U}{\delta}_{wY} \Big] \Big\}
\end{aligned}
$$

Linke Seite in Komponenten bezüglich x, y, z:

$$
\sum_{\mathfrak{x}} \big(\overset{H}{P}_{x(\mathfrak{x})} \overset{U}{w}_{x(\mathfrak{x})} + \overset{H}{P}_{y(\mathfrak{x})} \overset{U}{w}_{y(\mathfrak{x})} + \overset{H}{P}_{z(\mathfrak{x})} \overset{U}{w}_{z(\mathfrak{x})} + \overset{H}{M}_{x(\mathfrak{x})} \overset{U}{\varphi}_{x(\mathfrak{x})} + \overset{H}{M}_{y(\mathfrak{x})} \overset{U}{\varphi}_{y(\mathfrak{x})} + \overset{H}{M}_{z(\mathfrak{x})} \overset{U}{\varphi}_{z(\mathfrak{x})} \big) .
$$

Tafel 5. Arbeitsgleichung

der Querkräfte gewöhnlich gegenüber dem der Biege- und Torsionsmomente vernachlässigt werden. Oft kann auch der Einfluß einzelner oder aller Längskräfte (Stabkräfte) gegenüber dem der Biege- und Torsionsmomente vernachlässigt werden.

Durch passende Wahl des Hilfszustandes H, nämlich der Lasten $\mathfrak{P}^H$, $\mathfrak{M}^H$, kann – wie im folgenden gezeigt – stets erreicht werden, daß auf der linken Seite der Arbeitsgleichung gerade die gesuchte Verschiebungsgröße $\overset{U}{\delta_i}$ (z. B. $\overset{U}{\varphi}_{g(i)}$, $\overset{U}{w}_{g(i)}$) erscheint (s. dazu die nachfolgenden Beispiele).

Stets erscheint auf der r e c h t e n Seite der Arbeitsgleichung ein s c h e m a t i s c h ausrechenbarer Integralausdruck $\Sigma\int\{\cdots\}$ (Näheres dazu s. in V B 1 d).

c) Beispiele zur Aufstellung der Arbeitsgleichung

α) Beispiele 1 bis 4, s. Bild 32.

(1) Gesucht sei die „Durchbiegung" $\overset{U}{w}_{z(i)}$ (s. Bild 32 a). Als Hilfszustand H wird eingeführt: $\overset{H}{P}_{z(i)} = 1$ an der Stelle i,

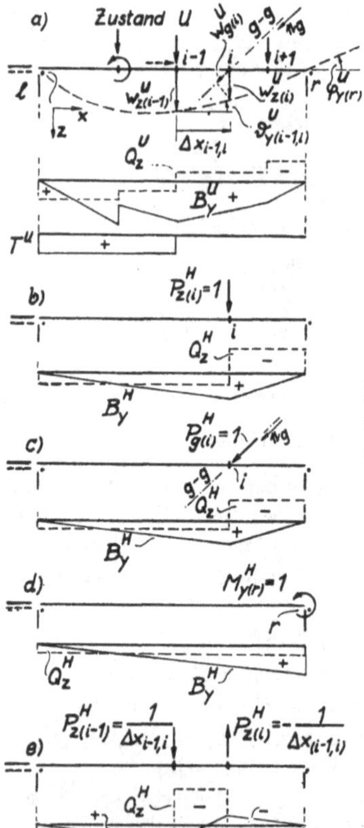

Bild 32
Verschiebungsgrößen
an einem
Elementarstab

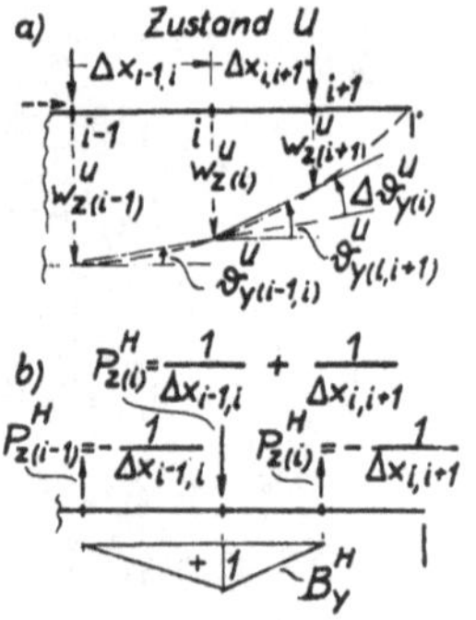

Bild 33. Sehnen-Drehungsdifferenz $\Delta\vartheta^U_{y(i)}$ („elastisches Gewicht“ oder „symbol. Kraft“)

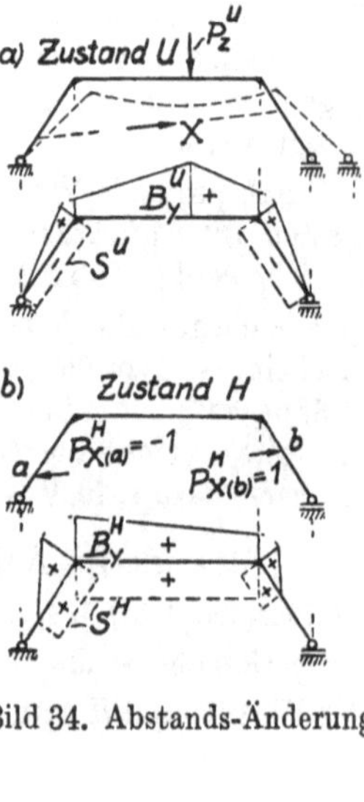

Bild 34. Abstands-Änderung

s. Bild 32b. Die Arbeitsgleichung 57 (linke Seite in Komponenten bezüglich x, y, z geschrieben) lautet:

$$0 + 0 + 1 \cdot \overset{U}{w}_{z(i)} + 0 + 0 + 0 = \int_l^r \{\cdots\}. \tag{58}$$

(2) Gesucht: die Wegkomponente $\overset{U}{w}_{g(i)}$ (s. Bild 32a). Hilfszustand H: $\overset{H}{P}_{g(i)} = 1$ lt. Bild 32c. Damit gilt (s. Gl. 57, linke Seite):

$$\Sigma \overset{H}{\mathfrak{P}}_\varkappa \overset{U}{\mathfrak{w}}_\varkappa = \overset{H}{P}_{g(i)} \overset{U}{w}_{g(i)} = 1 \cdot \overset{U}{w}_{g(i)}, \tag{59}$$

und die Arbeitsgleichung lautet:

$$1 \cdot \overset{U}{w}_{g(i)} + 0 = \int_l^r \{\cdots\}. \tag{60}$$

(3) Gesucht: die Drehungskomponente $\overset{U}{\varphi}_{y(r)}$ (s. Bild 32a). Hilfszustand H: $\overset{H}{M}_{y(r)} = 1$ lt. Bild 32d. Arbeitsgleichung:

$$0 + 0 + 0 + 0 + 1 \cdot \overset{U}{\varphi}_{y(r)} + 0 = \int_l^r \{\cdots\}. \tag{61}$$

(4) Gesucht: die Drehungskomponente $\overset{U}{\vartheta}_{y(i-1,i)}$ des Stab-Abschnitts $i-1, i$, d. h. (s. Bild 32a) der Betrag

$$(\overset{U}{\vartheta}_{y(i-1,i)} \equiv)$$

$$\frac{\overset{U}{w}_{z(i-1)} - \overset{U}{w}_{z(i)}}{\Delta x_{i-1,i}} \equiv \frac{1}{\Delta x_{i-1,i}} \overset{U}{w}_{z(i-1)} - \frac{1}{\Delta x_{i-1,i}} \overset{U}{w}_{z(i)}. \tag{62}$$

Hilfszustand H:

$$\overset{H}{P}_{z(i-1)} = \frac{1}{\Delta x_{i-1,i}}, \quad \overset{H}{P}_{z(i)} = -\frac{1}{\Delta x_{i-1,i}}$$

lt. Bild 32e. Arbeitsgleichung:

$$\frac{1}{\Delta x_{i-1,i}} \overset{U}{w}_{z(i-1)} - \frac{1}{\Delta x_{i-1,i}} \overset{U}{w}_{z(i)} = \int_l^r \{\cdots\}, \tag{63a}$$

d. h.:

$$\overset{U}{\vartheta}_{y(i-1,i)} = \int_l^r \{\cdots\}. \tag{63b}$$

β) Beispiel 5, s. die Bilder 33, 35, 36.

Gesucht: die Sehnen-Drehungsdifferenz $W_i \equiv \Delta \overset{U}{\vartheta}_{y(i)}$ zweier Abschnitte $i, i+1$ und $i-1, i$, d. h. (s. Bild 33a und Beispiel 4) der Betrag

$$W_i \equiv \Delta \overset{U}{\vartheta}_{y(i)} \equiv \overset{U}{\vartheta}_{y(i,i+1)} - \overset{U}{\vartheta}_{y(i-1,i)}\text{, also:}$$

$$\Delta \overset{U}{\vartheta}_{y(i)} \equiv -\frac{1}{\Delta x_{i-1,i}} \overset{U}{w}_{z(i-1)} + \left(\frac{1}{\Delta x_{i-1,i}} + \frac{1}{\Delta x_{i,i+1}}\right) \overset{U}{w}_{z(i)} - \frac{1}{\Delta x_{i,i+1}} \overset{U}{w}_{z(i+1)}, \tag{64}$$

das sog. „elastische Gewicht" oder die „symbolische Kraft" an der Stelle i [1]).

Hilfszustand H: s. die Bilder 33b, 35b u. c, 36b. Arbeitsgleichung:

$$-\frac{1}{\Delta x_{i-1,i}} \overset{U}{w}_{z(i-1)} + \left(\frac{1}{\Delta x_{i-1,i}} + \frac{1}{\Delta x_{i,i+1}}\right) \overset{U}{w}_{z(i)} - \frac{1}{\Delta x_{i,i+1}} \overset{U}{w}_{z(i+1)} = \Sigma \int \{\cdots\}, \tag{65a}$$

d. h.
$$\Delta \overset{U}{\vartheta}_{y(i)} = \Sigma \int \{\cdots\}. \tag{65b}$$

(Hinweis: Für die zu $\Delta \overset{U}{\vartheta}_{y(i)}$ senkrechte Sehnen-Drehungsdifferenz $\Delta \overset{U}{\vartheta}_{z(i)}$ gilt:

$$\Delta \overset{U}{\vartheta}_{z(i)} \equiv +\frac{1}{\Delta x_{i-1,i}} \overset{U}{w}_{y(i-1)} - \left(\frac{1}{\Delta x_{i-1,i}} + \frac{1}{\Delta x_{i,i+1}}\right) \overset{U}{w}_{y(i)} + \frac{1}{\Delta x_{i,i+1}} \overset{U}{w}_{y(i+1)}.) \tag{66}$$

γ) Beispiel 6, s. Bild 34.

Gesucht: die Abstands-Änderung der Punkte a und b (s. Bild 34b) infolge des Zustandes U lt. Bild 34a, d. h. der Betrag $\overset{U}{w}_{X(b)} - \overset{U}{w}_{X(a)}$.

Hilfszustand H: s. Bild 34b.

---

[1]) Den Grund für diese Bezeichnung siehe in V C 3.

δ) Beispiel 7, s. Bild 35.

Gesucht: die Änderung des Winkels ω (s. Bild 35a), d. h. (s. Bild 35d) der Betrag

$$(\delta^U_\omega \equiv)$$
$$\vartheta^U_{y\,(bc)} - \vartheta^U_{y\,(ab)} \equiv \frac{w_{Z''(b)} - w_{Z''(c)}}{s_{bc}} - \frac{w_{Z'(a)} - w_{Z'(b)}}{s_{ab}}\,. \tag{67}$$

Hilfszustand H: s. Bild 35d.

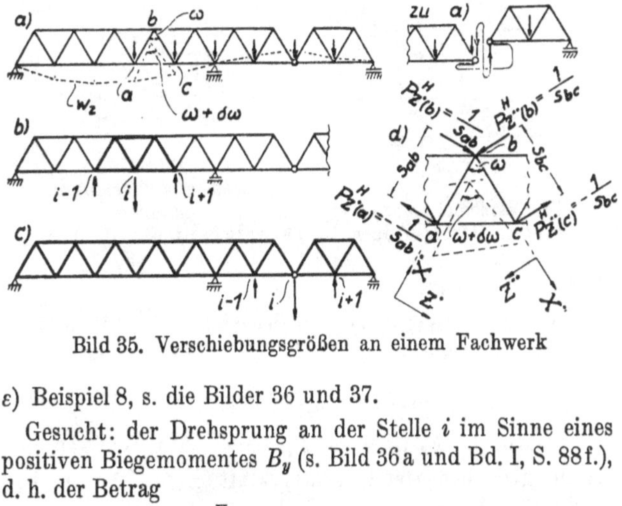

Bild 35. Verschiebungsgrößen an einem Fachwerk

ε) Beispiel 8, s. die Bilder 36 und 37.

Gesucht: der Drehsprung an der Stelle i im Sinne eines positiven Biegemomentes B_y (s. Bild 36a und Bd. I, S. 88f.), d. h. der Betrag

$$\delta\varphi^U_{y\,(i)} \equiv \varphi_{y\,(i\cdot)} - \varphi_{y\,(i\cdot\cdot)}\,. \tag{68}$$

Hilfszustand H: $M^H_{y\,(i\cdot)} = 1$, $M^H_{y\,(i\cdot\cdot)} = -1$ lt. Bild 36c u. 37b oder (damit gleichbedeutend) „Biegemoment $B^H_{y\,(i)} = 1$".

Arbeitsgleichung:

$$1 \cdot \varphi^U_{y\,(i\cdot)} - 1 \cdot \varphi^U_{y\,(i\cdot\cdot)} = \Sigma \int \{\cdots\}, \tag{69a}$$

d. h.:

$$\delta\varphi^U_{y\,(i)} = \Sigma \int \{\cdots\}. \tag{69b}$$

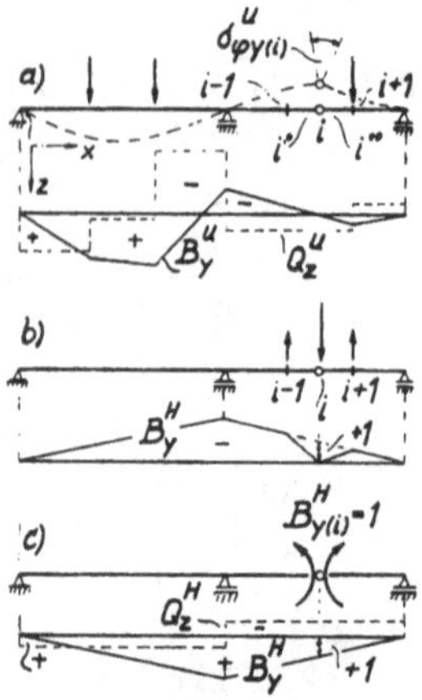

Bild 36. Verschiebungsgrößen an einem Gerber-Träger

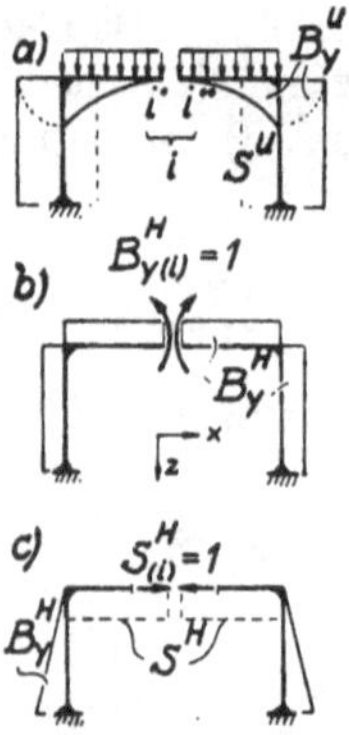

Bild 37 Dreh- und Wegsprung an einem zerschnittenen Rahmen

ζ) Beispiel 9, s. Bild 37.

Gesucht: der Wegsprung an der Stelle i im Sinne einer positiven Längskraft S (s. III D 1), d. h. der Betrag

$$\delta \overset{U}{w}_{x(i)} \equiv \overset{U}{w}_{x(i\cdot)} - \overset{U}{w}_{x(i\cdot\cdot)}. \tag{70}$$

Hilfszustand H: $\overset{H}{P}_{x(i\cdot)} = 1$, $\overset{H}{P}_{x(i\cdot\cdot)} = -1$ lt. Bild 37c oder (damit gleichbedeutend) „Längskraft $\overset{H}{S}_{(i)} = 1$". Arbeitsgleichung:

$$\delta \overset{U}{w}_{x(i)} = \Sigma \int \{\cdots\}. \tag{71}$$

d) Ausrechnung der Integrale

α) Formeln

Die auf der rechten Seite der Arbeitsgleichung stehenden Integrale sind (wenn alle darin vorkommenden Größen in Abhängigkeit von X ausgedrückt werden) Ausdrücke der

Gestalt

$$\int f_i(X) \cdot f_k(X) \cdot dX, \tag{72}$$

worin z. B.:

$$f_i(X) \equiv B_Y^H(X), \quad f_k(X) \equiv \frac{B_Y^U(X)}{EJ_Y(X)}.$$

Auf einige Möglichkeiten zur schematischen Ausrechnung der Integrale sei hingewiesen:

Längs eines Systemlinien-Abschnittes $\nu - 1, \nu$ mit der Länge $a_{\nu-1,\nu}$ seien die Linien $f_i(X)$ und $f_k(X)$ Geraden oder – näherungsweise – durch Geraden ersetzt (s. Bild 38); die Ordinaten dieser Geraden bei $\nu - 1''$ und ν' seien $\eta_{i(\nu-1'')}$, $\eta_{i(\nu')}$ bzw. $\eta_{k(\nu-1'')}$, $\eta_{k(\nu')}$. Dann gilt für das Integral (72), erstreckt über den Abschnitt $\nu - 1, \nu$:

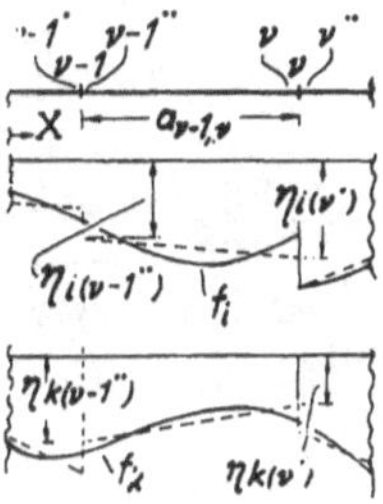

Bild 38
Bezeichnungen

$$\int_a f_i f_k \, dX \underset{(\sim)}{=} \frac{a_{\nu-1,\nu}}{6} [\eta_{i(\nu-1'')} (2\eta_{k(\nu-1'')} + \eta_{k(\nu')}) + \eta_{i(\nu')} (\eta_{k(\nu-1'')} + 2\eta_{k(\nu')})], \tag{73a}$$

sog. „Trapezformel". Wird also die Systemlinie eines Stabes l—r bedarfsweise in Abschnitte $\nu - 1, \nu$ unterteilt, längs deren $f_i(X)$ und $f_k(X)$ geradlinig verlaufen oder – näherungsweise — durch Geraden ersetzt sind, so ergibt sich der Zahlenwert des über den ganzen Stab erstreckten Integrals $\int f_i f_k dX$ durch Summation der zu den einzelnen Abschnitten $\nu - 1, \nu$ gehörenden Zahlenwerte lt. Gl. 73 a.

Weitere Angaben zur Ausrechnung der Integrale (u. a. Sonderfälle der Trapezformel) sind in Tafel 6 zusammengestellt; die Bedeutung der dort mit $f_{i(l)}$, $f_{i(r)}$, . . . bezeichneten Größen ist aus den eingefügten Skizzen ersichtlich.

$\int f_i(X) \cdot f_k(X) \cdot dX$	f_k (Rechteck)	$f_{k(r)}$ (Dreieck)	$f_{k(l)}$ (Dreieck)	$f_{k(l)}$, $f_{k(r)}$ (Trapez)	$f_{k(l)}$, Parabel, $f_{k(o)}$, $f_{k(r)}$
f_i (Rechteck), a, X	$f_i \cdot f_k \cdot a$	$f_i \cdot f_{k(r)} \cdot \frac{a}{2}$	$f_i \cdot f_{k(l)} \cdot \frac{a}{2}$	$f_i \cdot (f_{k(l)} + f_{k(r)}) \cdot \frac{a}{2}$	$f_i \cdot (f_{k(l)} + 4 f_{k(o)} + f_{k(r)}) \cdot \frac{a}{6}$
$f_{i(r)}$ (Dreieck), a, X	$f_{i(r)} \cdot f_k \cdot \frac{a}{2}$	$f_{i(r)} \cdot f_{k(r)} \cdot \frac{a}{3}$	$f_{i(r)} \cdot f_{k(l)} \cdot \frac{a}{6}$	$f_{i(r)} \cdot (f_{k(l)} + 2 f_{k(r)}) \cdot \frac{a}{6}$	$f_{i(r)} \cdot (2 f_{k(o)} + f_{k(r)}) \cdot \frac{a}{6}$
$f_{i(l)}$ (Dreieck), a, X	$f_{i(l)} \cdot f_k \cdot \frac{a}{2}$	$f_{i(l)} \cdot f_{k(r)} \cdot \frac{a}{6}$	$f_{i(l)} \cdot f_{k(l)} \cdot \frac{a}{3}$	$f_{i(l)} \cdot (2 f_{k(l)} + f_{k(r)}) \cdot \frac{a}{6}$	$f_{i(l)} \cdot (f_{k(l)} + 2 f_{k(o)}) \cdot \frac{a}{6}$
$f_{i(l)}$, $f_{i(r)}$ (Trapez), a, X	$(f_{i(l)} + f_{i(r)}) \cdot f_k \cdot \frac{a}{2}$	$(f_{i(l)} + 2 f_{i(r)}) \cdot f_{k(r)} \cdot \frac{a}{6}$	$(2 f_{i(l)} + f_{i(r)}) \cdot f_{k(l)} \cdot \frac{a}{6}$	*)	**)

*) $[f_{i(l)} \cdot (2 f_{k(l)} + f_{k(r)}) + f_{i(r)} \cdot (f_{k(l)} + 2 f_{k(r)})] \cdot \frac{a}{6}$

**) $[f_{i(l)} \cdot (f_{k(l)} + 2 f_{k(o)}) + f_{i(r)} \cdot (2 f_{k(o)} + f_{k(r)})] \cdot \frac{a}{6}$

Tafel 6. Integralformeln

Zur Ausrechnung eines Integrals $\int_l^r f_i f_k dX$, erstreckt über irgendeinen Integrationsbereich $l-r$, kommt natürlich auch die sog. Simpsonsche Regel[1]) in Betracht. – Unter Umständen empfiehlt es sich auch, von der folgenden Regel Gebrauch zu machen, die sich leicht aus Betrachtungen im Sinne der vorangegengenen Beispiele (s. V B 1c) ergibt: Verläuft im Integrationsbereich $l-r$ sowohl die Systemlinie als auch die Biegemomentenlinie $B_Y^H(X)$ des Hilfszustandes H geradlinig, so gilt

$$\int_l^r B_Y^H(X) \cdot \frac{B_Y^U(X)}{EJ_Y(X)} \cdot dX = B_{Y(r)}^H \cdot \varphi_{Y(r)}^{StU} - B_{Y(l)}^H \cdot \varphi_{Y(l)}^{StU}, \qquad (73\text{b})$$

worin

$B_{Y(r)}^H$, $B_{Y(l)}^H$ die Beträge von $B_Y^H(X)$ an den Enden r und l des Integrationsbereiches sind,

[1]) Siehe A. Witting, Intergralrechnung; Sammlung Göschen, Bd. 88.

$\varphi^{StU}_{Y(r)}$, $\varphi^{StU}_{Y(l)}$ die Drehungen bedeuten, die sich für die Enden r und l des Integrationsbereiches ergeben, wenn dieser als ein selbständiger Elementarstab mit starren Fesseln in l und r aufgefaßt und so belastet gedacht wird, daß in ihm die Biegemomente $B^{U}_{Y}(X)$ auftreten[1]).

β) Beispiele und praktische Hinweise

(1) Zu V B 1 c β (Beispiel 5, Bild 33)

Der Ausdruck für die Sehnen-Drehungsdifferenz $\Delta\vartheta^{U}_{y(i)}$ (das „elastische Gewicht" oder die „symbolische Kraft") an der Stelle i des in Bild 33a dargestellten Stabes lautet bei Vernachlässigung des Querkrafteinflusses:

$$W_i \equiv \Delta\vartheta^{U}_{y(i)} = \int_{l}^{r} B^{H}_{y}(x)\,\frac{B^{U}_{y}(x)}{EJ_{y}(x)}\,dx. \tag{74}$$

Die Abschnitte $i-1, i$ und $i, i+1$ seien hinreichend klein, so daß angenommen werden kann, in jedem von ihnen verlaufe $\frac{B^{U}_{y}(x)}{EJ_{y}(x)}$ geradlinig. Bei dem lt. V B 1 c β (Beispiel 5, Bild 33b) anzusetzenden Hilfszustand H ist $B^{H}_{y}(x)$ nur im Bereich der Abschnitte $i-1, i$ und $i, i+1$ ungleich Null. Daher ergibt sich aus Gl. 74 nach der Trapezformel 73:

$$W_i \equiv \Delta\vartheta^{U}_{y(i)} = \frac{1}{6}\left\{\Delta x_{i-1,i}\left(\frac{B^{U}_{y(i-1^{\cdot\cdot})}}{EJ_{y(i-1^{\cdot\cdot})}} + 2\,\frac{B^{U}_{y(i^{\cdot})}}{EJ_{y(i^{\cdot})}}\right)\right.$$
$$\left. + \Delta x_{i,i+1}\left(2\,\frac{B^{U}_{y(i^{\cdot\cdot})}}{EJ_{y(i^{\cdot\cdot})}} + \frac{B^{U}_{y(i+1^{\cdot})}}{EJ_{y(i+1^{\cdot})}}\right)\right\}. \tag{75}$$

Bei hinreichend kleinen Abschnitten Δx genügt es, näherungsweise zu schreiben:

$$W_i \equiv \Delta\vartheta^{U}_{y(i)} \sim \frac{B^{U}_{y(i)}}{EJ_{y(i)}}\,\Delta x_i, \tag{76}$$

[1]) Der Querkraft-Einfluß darf bei der Ermittlung der Größen φ^{St} hier nicht berücksichtigt werden.

wobei:

$$B^U_{y(i)} = \tfrac{1}{2}(B^U_{y(i\cdot)} + B^U_{y(i\cdot\cdot)}),$$
$$\Delta x_i = \tfrac{1}{2}(\Delta x_{i-1,i} + \Delta x_{i,i+1}),$$
$$EJ_{y(i)} = \tfrac{1}{2}(EJ_{y(i\cdot)} + EJ_{y(i\cdot\cdot)}).$$

Entsprechendes gilt für die (zu $\Delta\vartheta^U_{y(i)}$ senkrechte) Sehnen-Drehungsdifferenz $\Delta\vartheta^U_{z(i)}$: An die Stelle des Zeigers y tritt der Zeiger z.

(2) Zu V B 1 c β (Beispiel 5, Bild 36)
Weniger einfach als im Voranstehenden (1) gestaltet sich die Auswertung des Integralausdrucks für $W_i \equiv \Delta\vartheta^U_{y(i)}$ an der Gelenkstelle i des in Bild 36a wiedergegebenen Gerber-Trägers; denn dort ist $B^H_y(x)$ im gesamten Integrationsbereich ungleich Null (s. Bild 36b).

(3) Zu V B 1 b γ (Gl. 57 und Tafel 5)
Bei Fachwerken, die als Gelenkfachwerke aufgefaßt werden, beschränkt sich die rechte Seite der Arbeitsgleichung auf den Ausdruck

$$\Sigma \int S^H \left(\frac{S^U}{EF}\,dX + \alpha_t\, t^U_{Sch}\,dX + \delta^{!U}_{wX}\right). \qquad (77)$$

S^H und S^U sind dabei über die Länge des einzelnen Stabes konstant. Sind auch EF, α_t und t^U_{Sch} über die Stablänge konstant und wird berücksichtigt, daß

$\int dX$ die Stablänge s,

$\int \delta^{!U}_{wX}$ eine dem Stab eingeprägte Längenänderung $\delta s^{!U}$

bedeutet, so kann die Arbeitsgleichung für ein (Gelenk-) Fachwerk wie folgt geschrieben werden:

$$\sum_{\varkappa} \mathfrak{P}^H_\varkappa\, \mathfrak{w}^U_\varkappa = \Sigma S^H S^U \frac{s}{EF} + \Sigma S^H \alpha_t\, t^U_{Sch}\, s + \Sigma S^H\, \delta s^{!U}. \qquad (78)$$

(4) Zu V B 1 c β (Beispiel 5, Bild 35)
Handelt es sich um die Berechnung der Sehnen-Drehungs-

differenz $\Delta\vartheta_{y(i)}^{U}$ (m. a. W. des „elastischen Gewichtes“ oder der „symbolischen Kraft“) an einer Stelle i eines Fachwerks, das als Gelenkfachwerk aufgefaßt wird, so treten bei dem dazu erforderlichen Hilfszustand H meistens nur in einigen Stäben Stabkräfte S^{H} auf; s. dazu Bild 35b. – Ein Beispiel, wo dieses nicht zutrifft, ist in Bild 35c wiedergegeben.

e) Besondere Verschiebungsgrößen des Elementarstabes

Häufig benötigte Verschiebungsgrößen des Elementarstabes $l-r$ (s. Bild 39) sind die Verschiebungskomponenten

$$\varphi_{y(l)},\ \varphi_{z(l)},\ \varphi_{y(r)},\ \varphi_{z(r)},\ \varphi_{x(r)} \text{ und } w_{x(r)}. \qquad (79\text{a})$$

Diese „charakteristischen Verschiebungsgrößen“ werden, damit sie beim späteren Gebrauch hervortreten, im folgenden mit

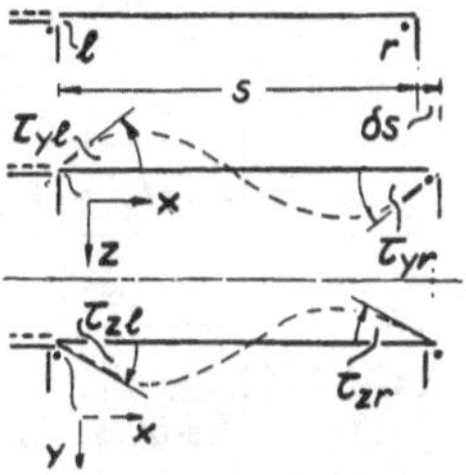

Bild 39. Charakteristische Verschiebungsgrößen des Elementarstabes

$$\tau_{yl},\ \tau_{zl},\ \tau_{yr},\ \tau_{zr}, \qquad (79\text{b})$$

Verwindung $\delta\chi$ und Längenänderung δs

bezeichnet (s. auch Tafel 7).

Speziell gelte für Belastungszustände „$M_{y(l)} = 1$“ usw. (s. im folgenden die Beifügungen „$[M_{y(l)} = 1]$“ usw.):

$$\tau_{yl;l} = \varphi_{y(l)}\,[M_{y(l)} = 1], \quad \tau_{yr;r} = \varphi_{y(r)}\,[M_{y(r)} = 1],$$

$$\tau_{yl;r} = \varphi_{y(l)}\,[M_{y(r)} = 1], \quad \tau_{yr;l} = \varphi_{y(r)}\,[M_{y(l)} = 1],$$

$$\delta\chi_{r;r} = \varphi_{x(r)}\,[M_{x(r)} = 1], \quad \delta s_{r;r} = w_{x(r)}\,[P_{x(r)} = 1]$$

(s. auch Tafel 7).

Stets gilt $\tau_{yl;r} = \tau_{yr;l}$ (vgl. dazu V B 1g).

	Verteilungsform $\eta(x)$, (d. h. $p_z(x)$ bzw. $m_x(x)$ bzw. $p_x(x)$) η; l – r	$\eta(l)$; l, r	$\eta(r)$; l, r	$\eta(\sigma)$; σ	$P_{z(k)}$	$M_{y(k)}$	$P_{x(k)}$ bzw. $M_{x(k)}$ (l, k, r; φ, φ')
$\tau_{yl} =$	$-p_z \cdot \frac{s^3}{24EJ}$	$-p_{z(l)} \frac{s^3}{45EJ}$	$-p_{z(r)} \frac{7s^3}{360EJ}$	$-p_{z(\sigma)} \cdot \frac{s^3}{30EJ}$	1)	2)	/
$\tau_{yr} =$	$p_z \cdot \frac{s^3}{24EJ}$	$p_{z(l)} \frac{7s^3}{360EJ}$	$p_{z(r)} \frac{s^3}{45EJ}$	$p_{z(\sigma)} \cdot \frac{s^3}{30EJ}$	3)	4)	/
$\delta\chi =$	$m_x \cdot \frac{s^2}{2GJ_T}$	$m_{x(l)} \cdot \frac{s^2}{6GJ_T}$	$m_{x(r)} \cdot \frac{s^2}{3GJ_T}$	$m_{x(\sigma)} \cdot \frac{s^2}{3GJ_T}$	/	/	$M_{x(k)} \cdot \frac{\varphi}{GJ_T}$
$\delta s =$	$p_x \cdot \frac{s^2}{2EF}$	$p_{x(l)} \cdot \frac{s^2}{6EF}$	$p_{x(r)} \cdot \frac{s^2}{3EF}$	$p_{x(\sigma)} \cdot \frac{s^2}{3EF}$	/	/	$P_{x(k)} \cdot \frac{\varphi}{EF}$

$M_{y(l)} = 1$	$M_{y(r)} = 1$	$M_{x(r)} = 1$	$P_{x(r)} = 1$
$\tau_{yl;l} = \frac{s}{3EJ}$	$\tau_{yl;r} = -\frac{s}{6EJ}$	$\delta\chi_{r;r} = \frac{s}{GJ_T}$	/
$\tau_{yr;l} = -\frac{s}{6EJ}$	$\tau_{yr;r} = \frac{s}{3EJ}$	/	$\delta s_{r;r} = \frac{s}{EF}$

1) $P_{z(k)}\, s^2 \cdot \frac{(-1)}{6} \frac{\varphi'}{s} (1 - \frac{\varphi'^2}{s^2})$

2) $M_{y(k)}\, s \cdot \frac{1}{6} \cdot (3 \frac{\varphi'^2}{s^2} - 1)$

3) $P_{z(k)}\, s^2 \cdot \frac{1}{6} \cdot \frac{\varphi}{s} \cdot (1 - \frac{\varphi^2}{s^2})$

4) $M_{y(k)}\, s \cdot \frac{1}{6} \cdot (3 \frac{\varphi^2}{s^2} - 1)$

Tafel 7. Charakteristische Verschiebungsgrößen des Elementarstabes (EJ konstant, Q vernachlässigt)

f) Verschiebungen von Lagern und Einspannungen

α) Allgemeines

Verschiebungen von Lagern bzw. Einspannungen können hinsichtlich ihrer Auswirkung auf die Verschiebungen der Konstruktion ohne weiteres erfaßt werden, indem so getan wird, als ob sie durch Längenänderungen δs bzw. Verwindungen $\delta\chi$ von gedachten F e s s e l s t ä b e n zustande gekommen wären, wie folgende Beispiele zeigen.

β) Elastische Verschiebungen

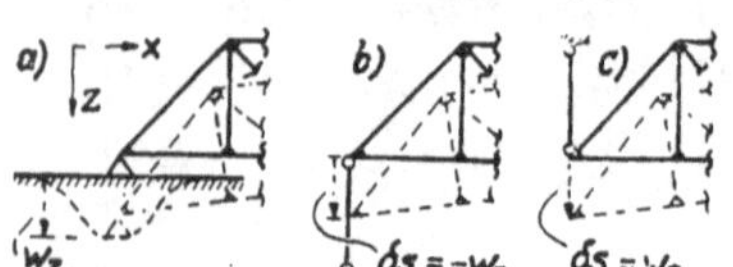

Bild 40. Weg eines Lagers

(1) Die elastische Weg-Nachgiebigkeit eines Lagers bzw. einer Einspannung sei zunächst dadurch gekennzeichnet, daß an der betreffenden

Stelle des Erdbodens unter der Wirkung einer Kraft P_z (Aktionskraft) ein Weg $w_z = k^P P_z$ auftritt (s. Bild 40a). Diese Nachgiebigkeit wird berücksichtigt, indem angenommen wird, zwischen der Konstruktion und dem (starr gedachten) Erdboden befinde sich ein Weg-Fesselstab parallel z (s. Bild 40b oder c) mit $\frac{s}{EF} = k^P$; denn dann gilt

$$w_z = P_z \frac{s}{EF} = k^P P_z\,. \tag{80}$$

Für das über den Fesselstab sich erstreckende Integral in der Arbeitsgleichung gilt (s. auch Gl. 78):

$$\int S^H \frac{S^U}{EF} dX = S^H S^U \frac{s}{EF} = S^H S^U k^P. \tag{81}$$

(2) Die elastische Dreh-Nachgiebigkeit einer Einspannung sei zunächst dadurch gekennzeichnet, daß an der betreffenden Stelle des Erdbodens unter der Wirkung eines Momentes M_y (Aktionsmomentes) eine Drehung $\varphi_y = k^M M_y$ auftritt (s. Bild 41a). Diese Nachgiebigkeit wird berücksichtigt, indem angenommen wird, zwischen der Konstruktion und dem (starr gedachten) Erdboden befinde sich ein Dreh-Fesselstab parallel y (s. Bild 41b oder c) mit $\frac{s}{GJ_T} = k^M$; denn dann gilt

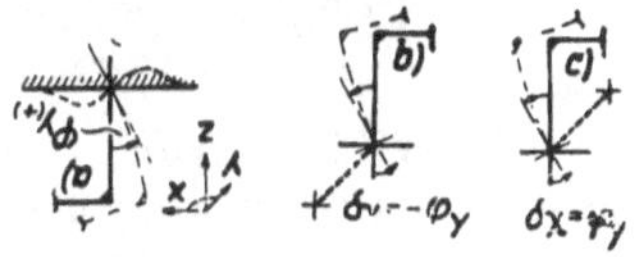

Bild 41
Drehung einer Einspannung

$$\varphi_y = M_y \frac{s}{GJ_T} = k^M M_y\,. \tag{82}$$

Für das über den Fesselstab sich erstreckende Integral in der Arbeitsgleichung gilt dann (analog Gl. 81):

$$\int T^H \frac{T^U}{GJ_T} dX = T^H T^U \frac{s}{GJ_T} = T^H T^U k^M. \tag{83}$$

γ) Eingeprägte Verschiebungen

(1) Einem Lager bzw. einer Einspannung sei ein bestimmter Weg $w_z^{!U}$ eingeprägt, z. B. eine beobachtete Bodensenkung (s. Bild 40a). Dieser Weg wird berücksichtigt, indem so getan wird, als ob sich zwischen der Konstruktion und dem (unverschieblich gedachten) Erdboden ein Weg-Fesselstab parallel z mit $EF = \infty$ befände (s. Bild 40b oder c), dem eine Längenänderung $\delta s^{!U}$ eingeprägt ist, und zwar

$$\delta s^{!U} = \mp w_z^{!U}$$

mit Vorzeichen „—" oder „+" je nachdem, ob die Anordnung nach Bild 40b oder c angenommen wird. Für das über den Fesselstab sich erstreckende Integral in der Arbeitsgleichung gilt dann (s. auch Gl. 78):

$$\int S^H \delta_{wX}^{!U} = S^H \delta s^{!U} = S^H \cdot (\mp w_z^{!U}). \tag{84}$$

(2) Einer Einspannung sei eine bestimmte Drehung $\varphi_y^{!U}$ eingeprägt. Diese wird berücksichtigt, indem so getan wird, als ob sich zwischen der Konstruktion und dem (unverschieblich gedachten) Erdboden ein Dreh-Fesselstab parallel y mit $GJ_T = \infty$ befände (s. Bild 41b oder c), dem eine Verwindung $\delta\chi^{!U}$ eingeprägt ist, und zwar

$$\delta\chi^{!U} = \mp \varphi_y^{!U},$$

mit Vorzeichen „—" oder „+" je nachdem, ob die Anordnung nach Bild 41b oder c angenommen wird. Für das über den Fesselstab sich erstreckende Integral in der Arbeitsgleichung gilt dann (analog Gl. 84):

$$\int T^H \delta_{\varphi X}^{!U} = T^H \delta\chi^{!U} = T^H \cdot (\mp \varphi_y^{!U}). \tag{85}$$

g) Satz von Maxwell und Betti

Von zwei beliebigen Belastungszuständen A und B werde zunächst der Zustand A als Hilfszustand, der Zustand B als ursächlicher Zustand aufgefaßt; dann werde der Zustand A als ursächlicher Zustand und der Zustand B als Hilfszustand aufgefaßt. Zu beiden Auffassungen werde die Arbeitsgleichung (s. Tafel 7) angeschrieben. Da die rechten Seiten dieser Gleichungen übereinstimmen, gilt:

$$\sum_{\varkappa} \{\mathfrak{P}_{\varkappa}^{A} \mathfrak{w}_{\varkappa}^{B} + \mathfrak{M}_{\varkappa}^{A} \overline{\varphi}_{\varkappa}^{B}\} = \sum_{\varkappa} \{\mathfrak{P}_{\varkappa}^{B} \mathfrak{w}_{\varkappa}^{A} + \mathfrak{M}_{\varkappa}^{B} \overline{\varphi}_{\varkappa}^{A}\} \qquad (86)$$

(sog. Satz von Maxwell und Betti).

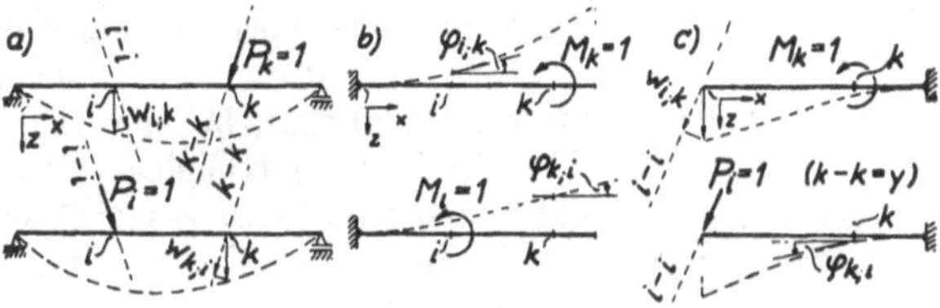

Bild 42. Beispiele zum Satz von Maxwell und Betti

Für Belastungszustände, in denen die eingeprägten Lasten der Zustände A und B nur aus je einer Einzellast vom Betrage 1 bestehen, führt Gleichung 86 u. a. zu folgenden Aussagen, bei denen der Übersichtlichkeit halber eine etwas andere Bezeichnungsweise als bisher eingeführt ist. So gilt mit den in Bild 42a erläuterten Bezeichnungen:

$$w_{i;k} = w_{k;i}; \qquad (87)$$

mit den in Bild 42b erläuterten Bezeichnungen:

$$\varphi_{i;k} = \varphi_{k;i}; \qquad (88)$$

mit den in Bild 42c erläuterten Bezeichnungen:

$$w_{i;k} = \varphi_{k;i}\,^{1)}. \tag{89}$$

Bei jeweils passender Definition von $\delta_{i;k}$ und $\delta_{k;i}$ kann für die Gleichungen 87, 88, 89 zusammenfassend geschrieben werden:

$$\delta_{i;k} = \delta_{k;i}\,. \tag{90}$$

2. Einflußlinien

Die Einflußlinie $\delta_{c;m}$ einer Verschiebungsgröße δ_c – speziell zu Kräften P_z – bedeutet (vgl. I B 1 b ß) das Diagramm, dessen Ordinate unter einer beliebigen Fahrbahnstelle m den Betrag der Verschiebungsgröße δ_c für den Fall darstellt, daß eine über die Fahrbahn wandernde Kraft $P_z = 1$ momentan an der Fahrbahnstelle m steht (s. Bild 43). Eine Einflußlinie $\delta_{c;m}$ kann daher stets punktweise ermittelt werden, indem zu verschiedenen Stellungen (m) von $P_z = 1$ jeweils der zugehörige Betrag „$\delta_c[P_z = 1$ in $m]$" berechnet und als Ordinate $\delta_{c;m}$ unter m aufgetragen wird.

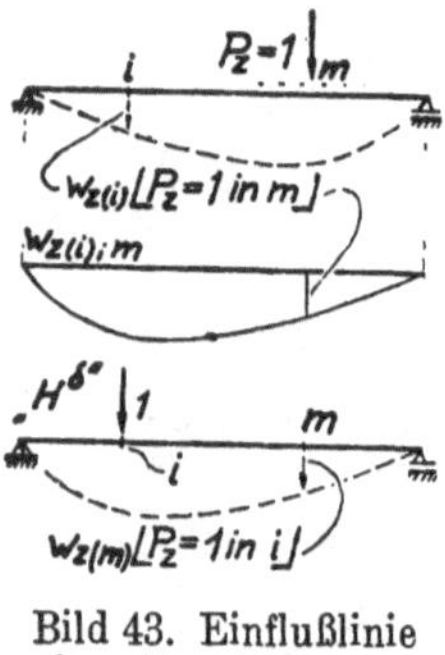

Bild 43. Einflußlinie einer Durchbiegung

Lt. Abschnitt V B 1a ist zur Ermittlung des Betrages „$\delta_c[P_z = 1$ in $m]$" der Zustand „$P_z = 1$ in m" als ursächlicher Zustand U aufzufassen. Der benötigte Hilfszustand – im folgenden mit „H^δ" bezeichnet – ist lt. Abschnitt V B 1 b γ so zu wählen, daß auf der linken Seite der Arbeitsgleichung gerade der Ausdruck $\delta_{c;m}$ (d. h. $\delta_c[P_z = 1$ in $m]$) erscheint, also so, daß:

$$\Sigma\{\mathfrak{P}^{H\delta}\mathfrak{w}^U + \mathfrak{M}^{H\delta}\overline{\varphi}^U\} = \delta_{c;m} \tag{91}$$

[1]) Hierbei besteht kein Widerspruch in den Dimensionen; denn die Last P bzw. M des jeweiligen ursächlichen Zustandes ist hier nicht als „1 kg" bzw. „1 kgm" eingeführt, sondern dimensionslos als „1"; daher haben beide Verschiebungen die Dimension 1/kg.

ist, wofür nach Gleichung 86 auch folgendermaßen geschrieben werden kann:

$$\delta_{c;m} = \Sigma\{\mathfrak{P}^U \mathfrak{w}^{H\delta} + \mathfrak{M}^U \overline{\varphi}^{H\delta}\}. \tag{92}$$

Da nach obigem der Zustand U nur aus einer Kraft, nämlich „$P_z = 1$ in m" besteht, besagt letztere Gleichung:

$$\delta_{c;m} = 1 \cdot w_{z(m)}^{H\delta} + 0 \tag{93a}$$

oder $\delta_{c;m} = w_{z(m)}$ infolge des Zustandes H^δ,

kurz:

$$\delta_{c;m} = w_{z(m)}[H^\delta], \tag{93b}$$

d. h.: Die Ordinaten der Einflußlinie $\delta_{c;m}$ sind gleich den Durchbiegungen $w_{z(m)}$ der Fahrbahn (s. Bild 43), die sich bei Belastung der Konstruktion mit dem zur Ermittlung von δ_c benötigten Hilfszustand H^δ — der jetzt als ursächlicher Zustand anzusehen ist — ergeben, m. a. W.:
Die Einflußlinie $\delta_{c;m}$ ist gleich der „Fahrbahn-Biegelinie", die sich bei Belastung der Konstruktion mit dem zur Ermittlung von δ_c benötigten Hilfszustand (als ursächlichem Zustand) ergibt.

Handelt es sich z. B. um die Einflußlinie $w_{z(i);m}$ zu Kräften P_z (s. Bild 43), so ist der lt. Abschnitt V B 1 b γ erforderliche Hilfszustand H^δ gegeben durch $P_{z(i)} = 1$, und es gilt

$$w_{z(i);m} = w_{z(m)}[P_z = 1 \text{ in } i], \tag{94}$$

d. h.: Die Einflußlinie $w_{z(i);m}$ ist gleich der Fahrbahn-Biegelinie infolge „$P_z = 1$ an der Stelle i" (als ursächlichen Zustandes).

Zur Ermittlung von Biegelinien ist Näheres im folgenden Abschnitt ausgeführt.

C. Biegelinie

1. Vorbemerkungen

Die Biegelinie (z. B. einer Fahrbahn) zu einem gegebenen ursächlichen Zustand kann stets punktweise ermittelt werden, indem eine Anzahl von Durchbiegungen $w_{z(i)}$ einzeln nach V B 1 berechnet wird. – Zur praktischen Handhabung empfiehlt es sich jedoch, von den im folgenden gezeigten Möglichkeiten Gebrauch zu machen.

2. Gleichung der Biegelinie

Nach V B 1 c β gilt für die Sehnen-Drehungsdifferenz $W_i = \Delta\vartheta_{y(i)}$ zweier Fahrbahn-Abschnitte $i-1, i$ und $i, i+1$ (s. Bild 33a) die Gleichung 65. Der Zahlenwert $\Sigma\int\{\cdots\}$ auf der rechten Seite dieser Gleichung sei für den die Biegelinie verursachenden Zustand berechnet (s. V B 1 d β).

Indem die Gleichung 65 nacheinander für die Stellen $1, 2, \ldots i, \ldots n-1$ der betreffenden Fahrbahn angeschrieben wird, ergibt sich eine Gruppe von $n-1$ dreigliedrigen Gleichungen „1", „2", ... „i", ... „$n-1$" mit $n+1$ Unbekannten $w_{z(0)}, w_{z(1)}, \ldots w_{z(i)}, \ldots w_{z(n-1)}, w_{z(n)}$:

$$„i" \quad w_{z(i-1)}\frac{1}{\Delta x_{i-1,i}} - w_{z(i)}\left(\frac{1}{\Delta x_{i-1,i}} + \frac{1}{\Delta x_{i,i+1}}\right) + w_{z(i+1)}\frac{1}{\Delta x_{i,i+1}} + W_i = 0 \;{}^{1)} \qquad (95\text{a})$$

(„i" = „1", „2", ... „$n-1$").

Diese gestatten die Berechnung der Durchbiegungen $w_{z(i)}$, wenn die Durchbiegungen zweier Stellen a und b bereits

---

[1]) Differenzengleichung 2. Ordnung für w_z. Sie geht im Grenzfall $\Delta x \to dx$ über in die Differentialgleichung $\frac{d^2 w_z}{dx^2} + \frac{B_y}{EJ_y} = 0$. Zur Auflösung der Differenzengleichung s. Bd. III.

gegeben oder anderweitig berechnet sind: Zahlenwerte $\overset{0}{w}_{z(a)}$ und $\overset{0}{w}_{z(b)}$. Dann kann zusätzlich zu obigen Gleichungen geschrieben werden:

$$w_{z(a)} = \overset{0}{w}_{z(a)}, \quad w_{z(b)} = \overset{0}{w}_{z(b)}. \qquad (95\text{b})$$

Solche „Nebenbedingungen" können stets angeschrieben werden:

Liegt z. B. an einer Stelle a oder b eine Wegfessel parallel z, so gilt (vgl. V B 1f):

$$\overset{0}{w}_{z(a)} = 0 \text{ bzw. } = \overset{!}{w}_{z(a)} \text{ bzw. } = A_{z(a)} k_a^P,$$

$$\overset{0}{w}_{z(b)} = 0 \text{ bzw. } = \overset{!}{w}_{z(b)} \text{ bzw. } = A_{z(b)} k_b^P,$$

je nachdem, ob die betreffende Fessel unverschieblich ist oder ob ihr ein bestimmter Weg $\overset{!}{w}_{z(a)}$ bzw. $\overset{!}{w}_{z(b)}$ eingeprägt ist oder ob sie unter der Wirkung ihrer Fesselkraft (Aktionskraft) einen Weg $A_{z(a)} k_a^P$ bzw. $A_{z(b)} k_b^P$ ausführt.

Trifft solches nicht zu, so kann stets zu irgendeiner Stelle a (z. B. 0) bzw. b (z. B. n) die dortige Durchbiegung, also ein Zahlenwert $\overset{0}{w}_{z(a)}$ bzw. $\overset{0}{w}_{z(b)}$, gesondert an Hand der Arbeitsgleichung berechnet werden (s. V B 1c).

Für die seitliche Biegelinie w_y gilt:

$$„i\text{"}) \quad w_{y(i-1)} \frac{1}{\Delta x_{i-1,i}} - w_{y(i)} \left(\frac{1}{\Delta x_{i-1,i}} + \frac{1}{\Delta x_{i,i+1}} \right) + w_{y(i+1)} \frac{1}{\Delta x_{i,i+1}} - W_i = 0 \qquad (96\text{a})$$

(mit $W_i \equiv \Delta \vartheta_{z(i)}$ lt. Gl. 66) sowie

$$w_{y(a)} = \overset{0}{w}_{y(a)}, \quad w_{y(b)} = \overset{0}{w}_{y(b)}. \qquad (96\text{b})$$

3. Symbolisches Verfahren

Dem Voranstehenden gleichbedeutend ist folgende, wegen ihrer Anschaulichkeit beliebte Betrachtungsweise. — Wie

Bild 33a zeigt, gelten folgende Beziehungen:

$$\begin{aligned} \vartheta_{y(i,i+1)} &= \vartheta_{y(i-1,i)} + W_i, \\ w_{z(i+1)} &= w_{z(i)} - \vartheta_{y(i,i+1)} \Delta x_{i,i+1} \end{aligned} \tag{97a}$$

oder

$$\begin{aligned} (-\vartheta_{y(i,i+1)}) &= (-\vartheta_{y(i-1,i)}) - W_i, \\ w_{z(i+1)} &= w_{z(i)} + (-\vartheta_{y(i,i+1)}) \Delta x_{i,i+1}. \end{aligned} \tag{97b}$$

Gegeben oder gesondert berechnet seien (s. V C 2) die Durchbiegungen an den Stellen 0 und n, so daß zusätzlich noch geschrieben werden kann (Nebenbedingungen):

$$w_{z(0)} = \overset{0}{w}_{z(0)}, \quad w_{z(n)} = \overset{0}{w}_{z(n)}. \tag{98}$$

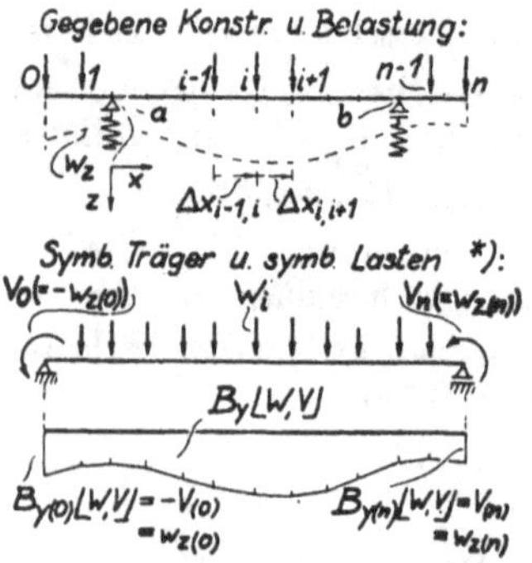

*) Alle symbolischen Lasten sind – unabhängig vom Beispiel – mit positivem Vorzeichen eingetragen.

Bild 44. Ermittlung einer Biegelinie an Hand eines symbolischen Trägers

Beziehungen gleicher Gestalt wie die Gleichungen 97b, 98 gelten für die Querkräfte und Biegemomente eines Elementarstabes mit Fesseln an den Stellen 0 und n (s. Bild 44), der wie folgt belastet ist:

an den Stellen $1, 2, \cdots i, \cdots n-1$ mit Kräften $P_{z(i)}$ vom Betrage W_i,

am Ende 0 mit einem Moment $M_{y(0)}$ vom Betrage $V_0 \equiv -\overset{0}{w}_{z(0)}$,

am Ende n mit einem Moment $M_{y(n)}$ vom Betrage $V_n \equiv \overset{0}{w}_{z(n)}$.

Nach Bd. I, Gl. 64, gilt:

$$\begin{aligned} Q_{z(i,i+1)} &= Q_{z(i-1,i)} - W_i, \\ B_{y(i+1)} &= B_{y(i)} + Q_{z(i,i+1)} \Delta x_{i,i+1}, \end{aligned} \tag{99}$$

$$B_{y(0)} = \overset{0}{w}_{z(0)}, \quad B_{y(n)} = \overset{0}{w}_{z(n)}. \tag{100}$$

Dieser Tatsache entsprechen folgende Bezeichnungen:

für den mit gedachten Kräften W_i und gedachten Momenten V_0, V_n belastet zu denkenden, in 0 und n gefesselten Elementarstab: „symbolischer Träger",

für die Größen $W_i (\equiv \Delta \vartheta_{y(i)})$: „elastische Gewichte" oder sinnvoller: „symbolische Kräfte",

für die Größen $V_0 (\equiv -\overset{0}{w}_{z(0)})$ und $V_n (\equiv \overset{0}{w}_{z(n)})$: „symbolische End-Momente".

Hiernach kann die Biegelinie w_z einer Fahrbahn schematisch als Biegemomentenlinie des symbolischen Trägers (s. Bild 44) ermittelt werden, der mit den symbolischen Kräften W_i sowie mit symbolischen End-Momenten V_0 und V_n belastet ist. Diese symbolischen Lasten können ohne weiteres nach V B 1 c β und α berechnet werden. (V_0 und V_n sind gleich Null, wenn die Fahrbahn an den Stellen 0 und n unverschiebliche Fesseln parallel z besitzt.)

Entsprechend kann die seitliche Biegelinie w_y als die (-1)fache Biegemomentenlinie des symbolischen Trägers berechnet werden, der mit symbolischen Kräften $W_i \equiv \Delta \vartheta_{z(i)}$ sowie mit symbolischen End-Momenten $V_0 \equiv -\overset{0}{w}_{y(0)}$ und $V_n \equiv \overset{0}{w}_{y(n)}$ belastet ist.

Die symbolische Biegelinien-Berechnung kann in verschiedenartiger Weise abgewandelt werden. So ergibt sich z. B. leicht die folgende Regel zur Ermittlung der Biegelinie w_z: Ist die gegebene Konstruktion ein gerader Stab mit unverschieblichen Fesseln parallel z (s. Bild 45 a), so kann als symbolischer Träger auch ein Stab nach Bild 45 b verwendet werden, der sich aus dem gegebenen Stab (Träger) ergibt, indem dieser wie folgt verändert wird:

Wegfesseln parallel z werden ersetzt durch Gelenke mit Achsen parallel y,

Gelenke mit Achsen parallel y werden ersetzt durch Wegfesseln parallel z,
an Stab-Enden, an denen keine Wegfessel parallel z liegt, werden Drehfesseln parallel y eingeführt,
an Stab-Enden, an denen keine Drehfessel parallel y liegt, werden Wegfesseln parallel z eingeführt.

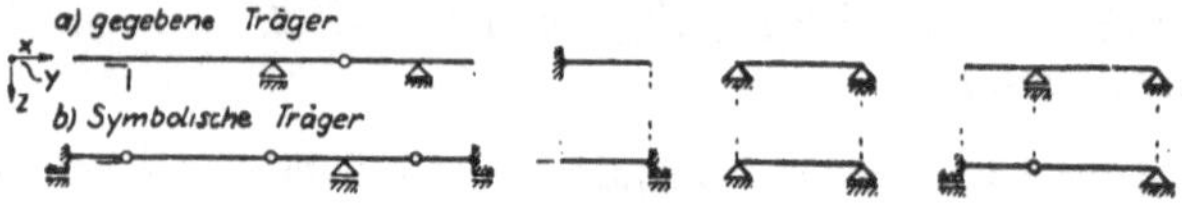

Bild 45. Symbolische Träger (Sonderfälle)

In diesem Falle erübrigt sich, wie leicht ersichtlich, an den Gelenkstellen des gegebenen Stabes die Einführung von symbolischen Kräften W, an den Enden des gegebenen Stabes die Einführung von symbolischen End-Momenten V_0, V_n. – Der symbolische Träger zu einem an beiden Enden gefesselten Elementarstab ist nach der ersten und vierten der voranstehenden Regeln wiederum ein solcher Elementarstab (s. die dritte Skizze in Bild 45).

D. Der Formänderungszustand

1. Allgemeine Beziehungen

a) Vorbemerkungen

Der Formänderungszustand eines Stabwerks ist im wesentlichen beschrieben, wenn von seinen einzelnen Stäben $l-r$ (s. Bild 46) folgende Verschiebungskomponenten bekannt sind:

$$w_{X(l)},\ w_{Y(l)},\ w_{Z(l)},\ w_{Y(r)},\ w_{Z(r)},\ \varphi_{X(l)}{}^{1)}; \qquad (101)$$

denn dann kann der einzelne Stab $l-r$ als selbständiger

[1] Handelt es sich um einen Stab in einem als Gelenkfachwerk aufgefaßten Fachwerk, so bleibt $\varphi_{X(l)}$ unbestimmt (vgl. die Fußnote 1 auf Seite 20).

E l e m e n t a r s t a b angesehen werden, dessen Fesseln die genannten Verschiebungskomponenten ausführen und der sich im übrigen gemäß folgenden „Ursachen" verformt (s. Abschnitt V B 1 a):

gemäß den ihm eingeprägten Lasten sowie den an ihm angreifenden End-Lasten lt. Gl. 2 (die zugehörigen Schnittlasten sind bekannt), ggf. auch gemäß Temperaturzuständen und eingeprägten Grundverformungen der Stab-Elemente.

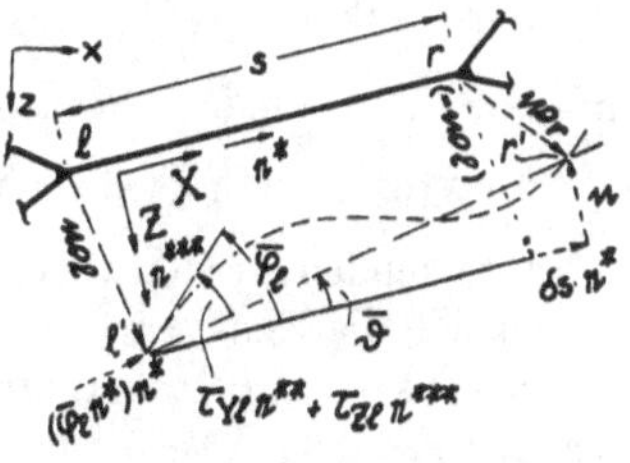

Bild 46
Einzelstab in einem Stabwerk (Achsen X und Z parallel der Bildebene angenommen)

Zufolge der oben genannten Verschiebungskomponenten (s. 101) der Stab-Enden beschreibt (s. Bild 46) die Koordinatenachse X eine Drehung $\overline{\vartheta}$ mit folgenden Komponenten bezüglich Y und Z:

$$\vartheta_Y = \frac{w_{Z(l)} - w_{Z(r)}}{s}, \quad \vartheta_Z = \frac{w_{Y(r)} - w_{Y(l)}}{s}, \qquad (102)$$

die „Stab-Drehung".

Die Verschiebungskomponenten an irgendeiner Stelle j des als Elementarstab angesehenen Stabes $l-r$, die sich unter Annahme u n v e r s c h i e b l i c h e r Fesseln aus den oben genannten „Ursachen" ergeben (s. V B), seien berechnet und mit $\varphi^{St}_{X(j)}, \ldots w^{St}_{Z(j)}$ bezeichnet. – Insbesondere seien unter diesen Größen die Verschiebungskomponenten $\varphi^{St}_{Y(l)}, \varphi^{St}_{Z(l)}, \varphi^{St}_{Y(r)}, \varphi^{St}_{Z(r)}, \varphi^{St}_{X(r)}, w^{St}_{X(r)}$ berechnet, also die „charakteristischen Verschiebungsgrößen" lt. V B 1 d (Gl. 79 b, vgl. Bild 39):

$$\tau_{Yl},\ \tau_{Zl},\ \tau_{Yr},\ \tau_{Zr},\ \delta\chi,\ \delta s. \qquad (103)$$

Für die **tatsächliche** Verschiebung an der Stelle j des Stabwerks gilt

$$\begin{aligned}\overline{\varphi}_j &= \varphi^{St}_{X(j)}\mathfrak{e}^* + \varphi^{St}_{Y(j)}\mathfrak{e}^{**} + \varphi^{St}_{Z(j)}\mathfrak{e}^{***}\\ &\quad + \varphi_{X(l)}\mathfrak{e}^* + \vartheta_Y\mathfrak{e}^{**} + \vartheta_Z\mathfrak{e}^{***},\\ \mathfrak{w}_j &= w^{St}_{X(j)}\mathfrak{e}^* + w^{St}_{Y(j)}\mathfrak{e}^{**} + w^{St}_{Z(j)}\mathfrak{e}^{***}\\ &\quad + w_{X(l)}\mathfrak{e}^* + (w_{Y(l)} + \vartheta_Z X_j)\mathfrak{e}^{**} + (w_{Z(l)} - \vartheta_Y X_j)\mathfrak{e}^{***}.\end{aligned} \qquad (104)$$

Im folgenden werden Gleichungen zusammengestellt, aus denen sich die End-Verschiebungen $\overline{\varphi}_l$, $\overline{\varphi}_r$, $\mathfrak{w}_l$, $\mathfrak{w}_r$ der Stäbe und daraus die in 101 genannten Komponenten $\varphi_{X(l)}$, $w_{X(l)}$, $w_{Y(l)}$, $w_{Z(l)}$, $w_{Y(r)}$, $w_{Z(r)}$ ergeben[1]).

b) Fesselgleichungen

Im folgenden bedeutet (s. Bild 47):

ν eine Stelle des Stabwerks, an der es am Erdboden oder an irgendeiner Nachbarkonstruktion angeschlossen ist,

f die mit ν zusammenfallende Stelle des Erdbodens usw.

Bild 47 Bezeichnungen

Die Drehung bzw. der Weg von f sei bekannt (gleich Null oder endlich):

$$\overline{\varphi}_f = 0 \quad \text{oder} = \overline{\varphi}^0_f$$

$$\text{bzw.} \quad \mathfrak{w}_f = 0 \quad \text{oder} = \mathfrak{w}^0_f$$

(s. z. B. V B 1 f).

Jeder Drehfessel — bzw. jeder Wegfessel — **zwischen** ν und f entspricht eine Gleichung, z. B.

wenn die betr. Fessellinie parallel einer der Koordinatenachsen x, y, z — speziell parallel x — ist:

[1]) Jede dieser Verschiebungskomponenten kann natürlich auch einzeln an Hand der Arbeitsgleichung ermittelt werden. — Siehe auch die Fußnote auf S. 92.

$$\varphi_{x(\nu)} = 0 \quad \text{oder} = \varphi^0_{x(f)} \tag{105a}$$

bzw. $$w_{x(\nu)} = 0 \quad \text{oder} = w^0_{x(f)}\,; \tag{105b}$$

wenn die Fessellinie parallel einem Einheitsvektor $\mathfrak{e}_d$ — bzw. $\mathfrak{e}_a$ — ist:

$$\overline{\varphi}_\nu \mathfrak{e}_d = 0 \quad \text{oder} = \overline{\varphi}^0_f \mathfrak{e}_d \tag{106a}$$

bzw. $$\mathfrak{w}_\nu \mathfrak{e}_a = 0 \quad \text{oder} = \mathfrak{w}^0_f \mathfrak{e}_a\,. \tag{106b}$$

Gleiches gilt, wenn die Fesselung durch ein Kreuzgelenk mit Gelenkachsen senkrecht zu $\mathfrak{e}_d$ — bzw. durch eine Flächenführung senkrecht zu $\mathfrak{e}_a$ — beschrieben ist.

Ist die Fesselung durch ein Zylindergelenk parallel $\mathfrak{e}_g$ — bzw. durch eine Linienführung parallel $\mathfrak{e}_t$ — beschrieben, so kann ν eine Drehung um die Gelenkachse $\mathfrak{e}_g$ mit unbekanntem Betrag $\varphi_{g(\nu)}$ — bzw. einen Weg parallel $\mathfrak{e}_t$ mit unbekanntem Betrag $w_{t(\nu)}$ ausführen. An Stelle der betr. Gleichungen 105, 106 kann dann geschrieben werden:

$$\overline{\varphi}_\nu = \varphi_{g(\nu)} \mathfrak{e}_g \quad \text{oder} = \overline{\varphi}^0_f - (\overline{\varphi}^0_f \mathfrak{e}_g)\mathfrak{e}_g + \varphi_{g(\nu)} \mathfrak{e}_g \tag{107a}$$

bzw.

$$\mathfrak{w}_\nu = w_{t(\nu)} \mathfrak{e}_t \quad \text{oder} = \mathfrak{w}^0_f - (\mathfrak{w}^0_f \mathfrak{e}_t)\mathfrak{e}_t + w_{t(\nu)} \mathfrak{e}_t\,. \tag{107b}$$

Sind ν und f so miteinander verbunden, daß zwischen ihnen kein Drehsprung — bzw. kein Wegsprung — auftreten kann, so gilt:

$$\overline{\varphi}_\nu = 0 \quad \text{oder} = \overline{\varphi}^0_f \tag{108a}$$

bzw. $$\mathfrak{w}_\nu = 0 \quad \text{oder} = \mathfrak{w}^0_f\,. \tag{108b}$$

c) Knotengleichungen

Sind an einem Knoten k zwei oder mehr Stab-Enden $\mu, \nu, \ldots$ so miteinander verbunden, daß zwischen ihnen kein Drehsprung — bzw. kein Wegsprung — auftreten kann (s. Bild 48), so gilt für die Stab-Enden sowie für den Knoten selbst:

$$\overline{\varphi}_\mu = \overline{\varphi}_\nu = \cdots = \overline{\varphi}_k \tag{109a}$$

bzw. $$\mathfrak{w}_\mu = \mathfrak{w}_\nu = \cdots = \mathfrak{w}_k. \tag{109b}$$

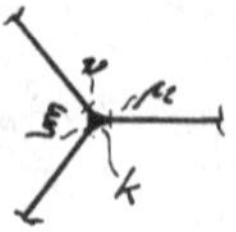

Bild 48
Bezeichnungen

Liegt zwischen μ und ν ein Zylindergelenk parallel $\mathfrak{e}_g$ – bzw. eine Wegverschieblichkeit parallel $\mathfrak{e}_t$ –, so kann zwischen μ und ν ein Drehsprung mit zunächst unbekanntem Betrag $\Delta\varphi_{g(\mu\nu)}$ – bzw. ein Wegsprung mit zunächst unbekanntem Betrag $\Delta w_{t(\mu\nu)}$ – auftreten, und es gilt

$$\overline{\varphi}_\nu = \overline{\varphi}_\mu + \Delta\varphi_{g(\mu\nu)}\mathfrak{e}_g \tag{110a}$$

bzw. $$\mathfrak{w}_\nu = \mathfrak{w}_\mu + \Delta w_{t(\mu\nu)}\mathfrak{e}_t. \tag{110b}$$

Liegt zwischen μ und ν ein Kreuzgelenk mit Gelenkachsen parallel $\mathfrak{e}_{g1}$ und $\mathfrak{e}_{g2}$ – bzw. eine Flächenführung, in deren Ebene zwei Einheitsvektoren $\mathfrak{e}_{t1}$ und $\mathfrak{e}_{t2}$ gegeben sind –, so gilt entsprechend:

$$\overline{\varphi}_\nu = \overline{\varphi}_\mu + \Delta\varphi_{g1(\mu\nu)}\mathfrak{e}_{g1} + \Delta\varphi_{g2(\mu\nu)}\mathfrak{e}_{g2} \tag{111a}$$

bzw. $$\mathfrak{w}_\nu = \mathfrak{w}_\mu + \Delta w_{t1(\mu\nu)}\mathfrak{e}_{t1} + \Delta w_{t2(\mu\nu)}\mathfrak{e}_{t2}. \tag{111b}$$

Ist von dem Kreuzgelenk nur der Einheitsvektor $\mathfrak{e}_d$ senkrecht zu den Gelenkachsen gegeben – bzw. ist von der Flächenführung nur der Einheitsvektor $\mathfrak{e}_a$ senkrecht zu ihrer Ebene gegeben – so gilt

$$(\overline{\varphi}_\nu - \overline{\varphi}_\mu)\mathfrak{e}_d = 0 \tag{112a}$$

bzw. $$(\mathfrak{w}_\nu - \mathfrak{w}_\mu)\mathfrak{e}_a = 0. \tag{112b}$$

d) Stabgleichungen

Betrachtet werde ein Stab l—r eines Stabwerks. Wie in Bild 46 veranschaulicht, bedeute

$\overline{\vartheta}$ (s. Gl. 102) die Stab-Drehung,

$\mathfrak{n}$ den Weg, den das Stab-Ende r zurücklegen würde, wenn der Stab $l-r$ nur die Drehung $\overline{\vartheta}$ um das Stab-Ende l ausführte.

Die Drehungskomponente $\varphi_{X(l)} = \overline{\varphi}_l \mathfrak{e}^*$ (vgl. 101) ist der Betrag eines Vektors $(\overline{\varphi}_l \mathfrak{e}^*)\mathfrak{e}^*$.

Die (lt. V D 1a bekannten) „charakteristischen Verschiebungsgrößen" (s. 103) eines Stabes $l-r$ sind (s. Bild 46) die Beträge von Vektoren $\tau_{Y_l}\mathfrak{e}^{**}$, $\tau_{Z_l}\mathfrak{e}^{***}$, $\tau_{Y_r}\mathfrak{e}^{**}$, $\tau_{Z_r}\mathfrak{e}^{***}$, $\delta\chi\mathfrak{e}^*$, $\delta s\mathfrak{e}^*$.

Mit diesen Vektoren kann geschrieben werden

$$\overline{\varphi}_l = \overline{\vartheta} + (\overline{\varphi}_l \mathfrak{e}^*)\mathfrak{e}^* + \tau_{Y_l}\mathfrak{e}^{**} + \tau_{Z_l}\mathfrak{e}^{***},$$
$$\overline{\varphi}_r = \overline{\vartheta} + (\overline{\varphi}_l \mathfrak{e}^*)\mathfrak{e}^* + \delta\chi\mathfrak{e}^* + \tau_{Y_r}\mathfrak{e}^{**} + \tau_{Z_r}\mathfrak{e}^{***},$$
$$\mathfrak{w}_r = \mathfrak{w}_l + \delta s\mathfrak{e}^* + \mathfrak{n}.$$

Aus diesen Gleichungen ergibt sich leicht:

$$\text{I. } \overline{\varphi}_r - \overline{\varphi}_l = \delta\chi\mathfrak{e}^* + (\tau_{Y_r} - \tau_{Y_l})\mathfrak{e}^{**} + (\tau_{Z_r} - \tau_{Z_l})\mathfrak{e}^{***}, \tag{113}$$

$$\text{II. } \overline{\vartheta} + (\overline{\varphi}_l \mathfrak{e}^*)\mathfrak{e}^* - \frac{\overline{\varphi}_r + \overline{\varphi}_l}{2} = -\frac{1}{2}\{\delta\chi\mathfrak{e}^* + (\tau_{Y_r} + \tau_{Y_l})\mathfrak{e}^{**} + (\tau_{Z_r} + \tau_{Z_l})\mathfrak{e}^{***}\}, \tag{114}$$

$$\text{III. } \mathfrak{w}_r - \mathfrak{w}_l - \mathfrak{n} = \delta s\mathfrak{e}^*. \tag{115}$$

Zwischen $\mathfrak{n}$ und $\overline{\vartheta}$ besteht die Beziehung

$$\text{IV. } \mathfrak{n} = s[\overline{\vartheta}\mathfrak{e}^*], \tag{116}$$

und aus dieser folgt[1]):

$$\text{IV}'. \ \overline{\vartheta} = -\frac{[\mathfrak{n}\mathfrak{e}^*]}{s}, \tag{117}$$

$$\text{IV}''. \ \mathfrak{n}\mathfrak{e}^* = 0, \tag{118}$$

$$\text{IV}'''. \ \mathfrak{n}\overline{\vartheta} = 0. \tag{119}$$

---

[1]) Elementarformeln der Vektorrechnung; s. z. B. S. Valentiner, Vektoranalysis; Sammlung Göschen, Bd. 354.

Unter geeigneter Verwendung dieser „Stabgleichungen“ I bis IV und unter Berücksichtigung der Fessel- und Knoten-Gleichungen lt. V D 1b und c können die jeweils interessierenden Verschiebungsgrößen des gegebenen Stabwerks gewonnen werden, wie die folgenden Anwendungen zeigen.

2. Ebener Stabzug

a) Für einen ebenen Stabzug (s. Bild 49) nehmen die Stabgleichungen I, II, IV, III unter Berücksichtigung der Knotengleichungen 109 die in Bild 49 wiedergegebene Gestalt an.

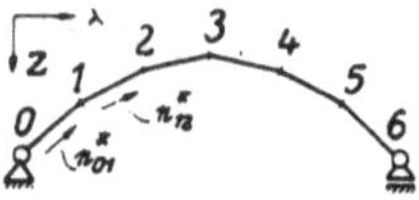

IV. $n_{x(i+1)} = s_{i,i+1}\,\vartheta_{i,i+1}\,e^*_{z(i,i+1)}$,

$n_{z(i+1)} = -s_{i,i+1}\,\vartheta_{i,i+1}\,e^*_{x(i,i+1)}$;

III. $w_{x(i+1)} = w_{x(i)} + n_{x(i+1)} + \delta s_{i,i+1}\,e^*_{x(i,i+1)}$,

$w_{z(i+1)} = w_{z(i)} + n_{z(i+1)} + \delta s_{i,i+1}\,e^*_{z(i,i+1)}$;

I. $\varphi_{i+1} = \varphi_i + \tau_{i+1} - \tau_i$;

II. $\vartheta_{i,i+1} = \frac{1}{2}(\varphi_i + \varphi_{i+1} - \tau_i - \tau_{i+1})$;

a) $w_{x(0)} = 0$, b) $w_{z(0)} = 0$, c) $w_{z(6)} = 0$.

Bild 49. Ebener Stabzug

Nachdem die Zahlenwerte der charakteristischen Verschiebungsgrößen τ usw. eingesetzt sind, können an Hand dieser Stabgleichungen sowie der (ersten beiden) Fesselgleichungen a, b (s. Bild 49) alle Größen $\varphi_1, \varphi_2, \ldots \vartheta, n_x, n_z, w_{x1}, \ldots w_{z1}, \ldots$ rekurrent durch die unbekannte „Anfangsdrehung“ φ_0 ausgedrückt werden; φ_0 selbst ergibt sich aus der Fesselgleichung c (s. Bild 49) — sog. „Stabzug-Verfahren“[1]). (φ_0 kann natürlich auch vorweg für sich ermittelt werden, s. V B 1.)

b) Ist der Stabzug ein ebener Dreigelenkbogen (s. Bild 50), so wird zur Stelle 3 noch lt. Gl. 110a eingeschaltet:

$$\varphi_{(3'')} = \varphi_{(3')} + \Delta\varphi_{(3)}. \qquad (120)$$

[1]) Das Verfahren läßt sich auch zeichnerisch durchführen.

Rekurrent werden dann ausgedrückt: die Unbekannten links von 3 durch $\varphi_{(0)}$, die Unbekannten rechts von 3 durch $\varphi_{(0)}$ und $\Delta\varphi_{(3)}$. $\varphi_{(0)}$ und $\Delta\varphi_{(3)}$ ergeben sich aus den beiden Fesselgleichungen der Stelle 6. ($\varphi_{(0)}$ und $\Delta\varphi_{(3)}$ können natürlich auch vorweg für sich ermittelt werden, s. V B 1.)

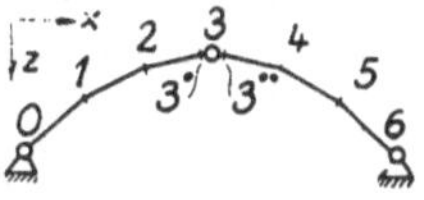

Bild 50
Ebener Stabzug als Dreigelenkbogen

c) Besteht ein ebener Stabzug aus einer Folge von Stäben eines als Gelenkfachwerk aufgefaßten Fachwerks (z. B. aus den schrägen Stäben in Bild 35a), so ist am einzelnen Stab $l-r$: $\varphi_l = \varphi_r = \vartheta_{lr}$. Hier empfiehlt es sich, den an jedem Knoten i des Stabzuges (z. B. dem Knoten b in Bild 35a) auftretenden Drehsprung $\Delta\varphi_{(i)}$ gesondert zu berechnen (s. z. B. die Berechnung von $\delta\omega^U$ nach Gl. 67). Dann werden die Stabgleichungen I und II nicht benötigt, und es kann allein mit folgenden Knotengleichungen gearbeitet werden:

$$\vartheta_{i,i+1} = \vartheta_{i-1,i} + \Delta\varphi_{(i)}. \tag{121}$$

3. Räumliches Fachwerk

Für einen Stab $k-j$ eines räumlichen Fachwerks folgt aus Gl. III, wenn ihre beiden Seiten skalar mit $\overset{*}{\mathfrak{e}}_{kj}$ multipliziert werden und Gleichung IV'' berücksichtigt wird:

$$\mathfrak{w}_j \overset{*}{\mathfrak{e}}_{kj} - \mathfrak{w}_k \overset{*}{\mathfrak{e}}_{kj} = \delta s_{kj}. \tag{122}$$

Für jeden Stab angeschrieben, gestattet diese Gleichung, zusammen mit den Fesselgleichungen des Fachwerks, die Ermittlung der Wegkomponenten aller Knoten[1]).

---

[1]) Zur Auflösung der Gleichungen empfiehlt sich die Verwendung von Rechenautomaten. — Nach einem Verfahren von Prager besteht auch die Möglichkeit der zeichnerischen Auflösung; s. Bd. 6 (1926), **Heft 5, der Zeitschr. f. angewandte Mathematik und Mechanik.**

Die Matrix der Gleichungen 122 ist — nach Vertauschung von Spalten und Zeilen — dieselbe wie die der Fachwerksgleichungen 13. Daraus ergibt sich leicht, daß die statische Bestimmtheit die eindeutige Bestimmtheit des Verschiebungszustandes — bei starr angenommenen Stäben also die Unverschieblichkeit der Knoten — einschließt (vgl. auch Bd. I, S. 25ff.).

Z. B. im einfachen Sonderfall des Fachwerks in Bild 9 gestaltet sich die Rechnung, wie folgt:

Wegen der Fesseln ist $w_{x(a)} = w_{y(a)} = w_{z(a)} = w_{x(b)} = w_{z(b)} = w_{z(c)} = 0$. Gl. 122 des Stabes $a-b$ liefert

$$w_{y(b)} = \delta s_{ab} \cdot \frac{1}{e^*_{y\,(ab)}}.$$

Die Gleichungen 122 der zum Knoten c führenden Stäbe $a-c$ und $b-c$ liefern $w_{x(c)}$, $w_{y(c)}$. Die Gleichungen 122 der zum Knoten d führenden Stäbe $a-d$, $b-d$, $c-d$ liefern $w_{x(d)}$, $w_{y(d)}$, $w_{z(d)}$; usf.

4. Ebenes Fachwerk

a) Dreieck-Fachwerk

Entsprechendes, wie in V D 3 ausgeführt, gilt für ebene Fachwerke.

Insbesondere bei Dreieck-Fachwerken (s. z. B. Bild 51a) kann die Auflösung der Gleichungen 122 mittels eines sog. „Williot-Planes" zeichnerisch erfolgen.

Die Stab-Längenänderungen δs_{kj} seien berechnet.

Zunächst wird so getan, als ob statt der Fessel in 6 eine Fessel in 1, senkrecht zum Stab 0—1, vorläge (s. Bild 51b). Die unter dieser Annahme sich aus den Stab-Längenänderungen ergebenden Knotenwege seien mit $\mathfrak{w}'_k$ bezeichnet. Für diese Wege gilt folgendes:

(0) Der Knoten 0 beschreibt, da zweifach gefesselt, keinen Weg: $\mathfrak{w}_0 = 0$.

(1) Der Knoten 1 verschiebt sich infolge δs_{01} auf der Systemlinie 0—1 nach 1': $\mathfrak{w}'_1 = 1 \rightarrow 1'$.

(2) Wären die Stäbe 0—2 und 1—2 nicht im Knoten 2 verbunden, so könnten sich ihre in 2 zusammenfallenden Enden 2^0 und 2^1 unabhängig voneinander verschieben:

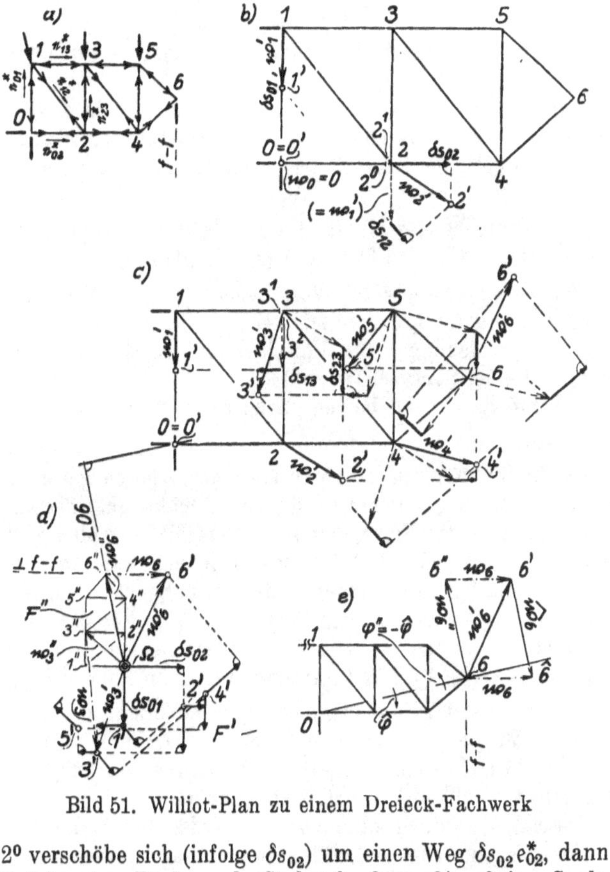

Bild 51. Williot-Plan zu einem Dreieck-Fachwerk

2^0 verschöbe sich (infolge δs_{02}) um einen Weg $\delta s_{02} e_{02}^*$, dann (infolge einer Drehung des Stabes 0—2 um 0) auf einer Senkrechten zu 0—2;

2^1 verschöbe sich (infolge einer Parallelverschiebung des Stabes 1—2, gegeben durch den Weg $\mathfrak{w}_1'$ von 1) um einen

Weg $= \mathfrak{w}_1'$, dann (infolge δs_{12}) um einen Weg $\delta s_{12} e_{12}^*$, dann (infolge einer Drehung des Stabes 1–2 um 1′) auf einer Senkrechten [1]) zu 1–2;
da jedoch die Stäbe 0–2 und 1–2 miteinander in 2 verbunden sind, kennzeichnet der Schnittpunkt der beiden „Senkrechten" die Lage 2′ des verschobenen Punktes 2: $\mathfrak{w}_2' = 2 \rightarrow 2'$.

(3) Entsprechendes gilt für die im Knoten 3 zusammentreffenden Stab-Enden 3^1 und 3^2 (s. Bild 51c):
zu 3^1: Verschiebung $= \mathfrak{w}_1'$, Verschiebung $\delta s_{13} e_{13}^*$, Verschiebung auf einer Senkrechten zu 1–3;
zu 3^2: Verschiebung $= \mathfrak{w}_2'$, Verschiebung $\delta s_{23} e_{23}^*$, Verschiebung auf einer Senkrechten zu 2–3;
3′ = Schnittpunkt der beiden „Senkrechten"; $\mathfrak{w}_3' = 3 \rightarrow 3'$.

(4), (5), ⋯ .

Die in Bild 51b und c an den einzelnen Knoten getrennt entwickelten Zeichnungen werden zweckmäßig in einer zusammenhängenden Figur, dem sog. „Verschiebungsplan F'" durchgeführt (s. Bild 51d), indem von einem gewählten „Ursprungspunkt" Ω aus zunächst die den Längenänderungen δs_{01} und δs_{02} entsprechenden Wege $\delta s_{01} e_{01}^*$ und $\delta s_{02} e_{02}^*$ aufgetragen werden usw. – Die Wege $\mathfrak{w}_k$ erscheinen als Pfeile $\mathfrak{w}_k' = \Omega \rightarrow k'$ (im Bild 51d nur eingetragen: $\mathfrak{w}_3'$ und $\mathfrak{w}_6'$).

Der so zuletzt gefundene Weg $\mathfrak{w}_6'$ widerspricht der Tatsache, daß am Knoten 6 eine Fessel parallel z vorliegt (s. Bild 51a, Fessellinie $f-f$): Der wahre Weg $\mathfrak{w}_6'$ des Knotens 6 muß senkrecht zu $f-f$ stehen.

Dieser Widerspruch kann beseitigt werden, indem die willkürlich am Knoten 1 eingeführte Fessel weggenommen und dem damit beweglich gemachten Fachwerk eine Drehung $\hat{\varphi}$ um 0 erteilt wird (s. Bild 51e), bei welcher der Knoten 6 einen Weg $\hat{\mathfrak{w}}_6$ senkrecht zu 0–6 beschreibt. $\hat{\varphi}$ sei so gewählt, daß

[1]) Kreisbogen-Element.

die geometrische Summe $\mathfrak{w}_6' + \hat{\mathfrak{w}}_6$ einen resultierenden Weg senkrecht zur Fessellinie und damit den wahren Weg $\mathfrak{w}_6$ ergibt. Dementsprechend kann $\mathfrak{w}_6$ durch das Zeichnen eines Vektordreiecks $6-6'-\hat{6}$ nach Bild 51e gefunden werden. — Aus rein zeichnerischen Gründen ist es jedoch zweckmäßiger, dem Fachwerk (nach Wegnahme der Fessel in 1) statt der Drehung $\hat{\varphi}$ eine Drehung $\varphi'' = -\hat{\varphi}$ erteilt zu denken (s. Bild 51e), bei welcher der Knoten 6 einen Weg $\mathfrak{w}_6''$ $(= -\hat{\mathfrak{w}}_6)$ beschreibt. Wie Bild 51e zeigt, gilt dann

$$\mathfrak{w}_6'' + \mathfrak{w}_6 = \mathfrak{w}_6',$$

d. h. (s. auch Bild 51d): Der wahre Weg $\mathfrak{w}_6$ ergibt sich nunmehr durch Zeichnung des Vektordreiecks $6-6'-6''$ bzw. $\Omega-6'-6''$. (Gegeben: $\mathfrak{w}_6' = 6 \to 6'$ bzw. $= \Omega \to 6'$. Zu zeichnen: durch 6 bzw. durch Ω die Senkrechte zu $0-6$, durch $6'$ die Senkrechte zur Fessellinie $f-f$; Schnittpunkt: $6''$; $\mathfrak{w}_6 = 6'' \to 6'$.)

Bei dieser Drehung (φ'') beschreibt jeder Knoten k einen Weg $\mathfrak{w}_k''$ senkrecht zu $0-k$. Aus einfachen geometrischen Überlegungen folgt (s. Bild 51d): Werden die Wege $\mathfrak{w}_k''$ von Ω aus als Pfeile $k \to k''$ aufgetragen und werden die Pfeil-Spitzen k'' so miteinander verbunden, wie die Knoten k des Fachwerks durch Stäbe verbunden sind, so ergibt sich eine dem Fachwerk ähnliche, gegen dieses um 90° (im Sinne von φ'') gedrehte Figur F''. Da $6''$ bereits ermittelt ist und $0''$ — weil $\mathfrak{w}_0'' = 0$ ist — mit Ω zusammenfällt, können somit die übrigen Wege $\mathfrak{w}_k''$ ohne weiteres bestimmt werden, indem eine solche Figur F'' in den zuerst gezeichneten Verschiebungsplan F' eingetragen wird (s. Bild 51d). Analog dem oben zu $\mathfrak{w}_6$ Ausgeführten gilt dann für den wahren Weg $\mathfrak{w}_k$ jedes Knotens k: $\mathfrak{w}_k = k'' \to k'$. — Für die oft interessierenden Stab-Drehungen gilt (s. auch Gl. 102):

$$\vartheta_{kj} = \frac{w_{Z(k)} - w_{Z(j)}}{s_{kj}}. \qquad (123)$$

b) Dreigelenkbogen-Fachwerk

Handelt es sich um einen als Fachwerk ausgebildeten Dreigelenkbogen (s. Bild 52a), so kann – nachdem alle Stab-Längenänderungen δs ermittelt sind – folgendermaßen vorgegangen werden:

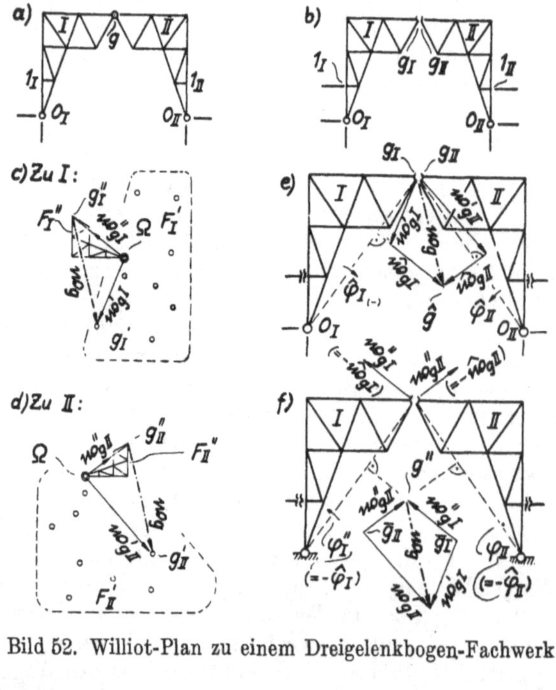

Bild 52. Williot-Plan zu einem Dreigelenkbogen-Fachwerk

Zunächst bleibt die gegenseitige Fesselung der beiden Teilfachwerke I und II (in g) unbeachtet, und es wird so getan, als ob an den Knoten 1_I und 1_{II} (s. Bild 52b) je eine Fessel senkrecht zu 0_I-1_I und $0_{II}-1_{II}$ vorläge. Für jedes der beiden Teilfachwerke werden Figuren F'_{I} und F'_{II} gezeichnet. Daraus ergeben sich für g_{I} und g_{II} Wege $\mathfrak{w}'_{g\text{I}}$ und $\mathfrak{w}'_{g\text{II}}$ (s. Bild 52c und d), die nicht einander gleich sind. Dieser Widerspruch kann beseitigt werden, indem die willkürlich an 1_{I} und 1_{II} eingeführten Fesseln weggenommen und dann den beiden Teilfachwerken I und II Drehungen $\hat{\varphi}_{\text{I}}$ und $\hat{\varphi}_{\text{II}}$ erteilt werden (s. Bild 52e), bei welchen g_{I} und g_{II} Wege $\hat{\mathfrak{w}}_{g\text{I}}$ und $\hat{\mathfrak{w}}_{g\text{II}}$ senkrecht zu $0_{\text{I}} - g_{\text{I}}$ und $0_{\text{II}} - g_{\text{II}}$ beschreiben; $\hat{\varphi}_{\text{I}}$ und $\hat{\varphi}_{\text{II}}$ sind so zu wählen, daß die geometrischen Summen $\mathfrak{w}'_{g\text{I}} + \hat{\mathfrak{w}}_{g\text{I}}$ und $\mathfrak{w}'_{g\text{II}} + \hat{\mathfrak{w}}_{g\,\text{II}}$ zwei einander gleiche Wege und somit in diesen den wahren Weg $\mathfrak{w}_g$ ergeben. Dementsprechend kann $\mathfrak{w}_g$ durch das Zeichnen von zwei zusammenhängenden Vektordreiecken lt. Bild 52e gefunden werden, die durch $\mathfrak{w}'_{g\text{I}}$ und $\hat{\mathfrak{w}}_{g\text{I}}$ einerseits, durch $\mathfrak{w}'_{g\text{II}}$ und $\hat{\mathfrak{w}}_{g\text{II}}$ andererseits bestimmt sind. — Auch hier ist es aus rein zeichnerischen Gründen zweckmäßiger, den Teilfachwerken I und II Drehungen $\varphi''_{\text{I}} = -\hat{\varphi}_{\text{I}}$ und $\varphi''_{\text{II}} = -\hat{\varphi}_{\text{II}}$ erteilt zu denken (s. Bild 52f), bei welchen die Stellen g_{I} und g_{II} Wege $\mathfrak{w}''_{g\text{I}}\ (= -\hat{\mathfrak{w}}_{g\text{I}})$ und $\mathfrak{w}''_{g\text{II}}\ (= -\hat{\mathfrak{w}}_{g\text{II}})$ beschreiben. Wie Bild 52f zeigt, ergibt sich dann der wahre Weg $\mathfrak{w}_g$ durch das Zeichnen von zwei zusammenhängenden Vektordreiecken. Zu zeichnen: Pfeile $\mathfrak{w}'_{g\text{I}}$ und $\mathfrak{w}'_{g\text{II}}$ (entnommen aus Bild 52c, d), so angeordnet, daß ihre Spitzen zusammenfallen; durch ihre Fußpunkte $\bar{g}_{\text{I}}$ und $\bar{g}_{\text{II}}$ Senkrechten zu $0_{\text{I}} - g_{\text{I}}$ und zu $0_{\text{II}} - g_{\text{II}}$; Schnittpunkt g''; $\mathfrak{w}''_{g\,\text{I}} = \bar{g}_{\text{I}} \to g''$, $\mathfrak{w}''_{g\,\text{II}} = \bar{g}_{\text{II}} \to g''$.

Im übrigen gilt Gleiches wie in V D 4a (s. die Bilder 52c, d): Eintragen von Figuren F''_{I} und F''_{II}; wahre Wege $\mathfrak{w}_k = k'' \to k'$.

Das sachlich noch in diesen Band gehörende Kap. VI: „Vollständige Schnittlasten und Verschiebungen, elastische Stabilität" wird aus Platzgründen erst im dritten Band behandelt.

Ein Verzeichnis des Schrifttums befindet sich im dritten Band.

Sachverzeichnis

Abstands-Änderung 74
Abzählkriterium 21, 52, 58
Anfangsdrehung 98
Arbeitsgleichung 70
Aufbauregel 23
äußere Fessellast 13

Beispiel 26, 31, 58, 71, 79
Betti 85
Biegelinie 88
Biegesteifigkeit 66
Bodensenkung 84

charakteristische Verschiebungsgröße 81, 93
Cremona 28
Culmann 33

Differentialgleichung 88
Differenzengleichung 88
Drehfessel 11, 94
Dreh-Fesselstab 10, 14
Drehsprung 75, 95
Drehungskomponente 73
Dreieck-Fachwerk 17, 24, 100
Dreigelenkbogen 98, 104
dreigliedrige Gleichung 88
Durchbiegung 71, 88

ebener Knoten 26
ebener Stabzug 98
ebenes Fachwerk 17, 99, 100
ebenes Stabwerk 14
Eckenfessel 52
Eckenkraft 53
eigentlicher Stab 14
Einflußlinie 35, 41, 45, 59, 61, 86
eingeprägte Verschiebung 84
Einspannung 82
elastische Lagerung usw. 82
elastisches Gewicht 74, 79, 81, 91
Element (Stab-Element) 64
Elementarstab 5, 81
End-Last 6
End-Schnittlast 6
ergänztes Reststabwerk 47
Ersatzfachwerk 39
Ersatzstab 34, 39
Ersatzstabwerk 60

Fachwerk 16, 25, 80, 99, 100
Fachwerksgleichung 18, 26
Fessel 5, 16
Fesselgleichung 94
Fessellast 7, 13
Fesselstab 10, 13, 16, 51, 82
Figur $\bar{F}$ 22
Figuren F', F'' 103
Flächenführung 12, 95, 96
Flechtwerk 17, 23
Formänderung 64
Formänderungszustand 92
freie Randstrecke 51

Gelenk 10, 13
Gelenkfachwerk 18
Geradlinigkeitsgesetz 66
Gerber-Träger 80
graphische Lösung 28, 33, 61, 100, 104
Grundverformung 64

Hilfszustand 68

Integral-Ausrechnung 76

Kante 51
Kantenfessel 52
Kantenkraft 52
kinematisches Kriterium 21
Knoten 5, 7, 20, 26
Knotenebene 26
Knotengleichung 8, 95,
Koordinatensystem 4
Kräfteplan 28
Kragträger 7
Kreuzgelenk 10, 12, 95, 96
Kugelgelenk 10
K-Verband 34

Lagerung 10, 82
Lager-Verschiebung 82
Längenänderung 81
Längssteifigkeit 66
lineare Kombination 67
Linienführung 95

Maxwell 85

nachgiebige Fesselung 82
Nebenbedingung 9, 89
Nebenecke 52, 54
Nebenspannungs-Moment 18
Nennerdeterminante 14, 21, 41

Pendelstütze 10
Pol 63
Prinzip der virtuellen Verrückungen 62

Randlinie 25
Randstrecke 51
räumliche Ecke 51
räumlicher Knoten 20
räumliches Fachwerk 17, 23, 26, 99
Restfachwerk 42
Reststab 51, 54
Reststabwerk 47
Ritter 31

Scheibe 49, 54
Schubmittelpunkt 67, 70
Schubsteifigkeit 67
Sehnen-Drehungsdifferenz 74, 79, 80, 88
Stab 5

Stab-Drehung 93
Stab-Element 64
Stabgleichung 7, 96
Stabgruppe 57
stabiles Stabwerk 15
Stabvertauschung 24
Stabwerk 4, 55
Stabwerksebene 14
Stabwerksgleichung 13
Stabzug 98
Stabzug-Verfahren 98
statisch bestimmtes Gelenkfachwerk 52
statisch bestimmtes Stabwerk 14, 20
statisch unbestimmtes Stabwerk 15
symbolische Last usw. 74, 79, 81, 91
symbolischer Träger 91

Teilfachwerk 30
Teilkörper-Gleichung 54
Teilstabwerk 16, 58
Temperatur 66
Tetraeder-Fachwerk 17, 24
Torsionssteifigkeit 66
Trapezformel 77
triviale Nebenbedingung 9

unstabiles Gelenksystem 21
unstabiles Reststabwerk 47
unstabiles Stabwerk 16
ursächlicher Zustand 67

Verallgemeinerter Fachwerksbegriff 25
Verschiebungsgröße 67, 71
Verschiebungsplan 102
Verwindung 81
virtuelle Arbeit 70
virtuelle Grundverformung 69
virtuelle Verrückung usw. 62, 69

Wegfessel 11, 94
Weg-Fesselstab 10, 14
Wegkomponente 67, 73, 99
Wegsprung 76, 95
Weg-Verschieblichkeit 9, 12, 13, 96
Winkel-Änderung 75
Williot 100

Zeichnerische Lösung 28, 33, 61, 100, 104
zugewiesene Last usw. 9
Zwischenfachwerk 42
Zylindergelenk 9, 12, 95, 96

Geisteswissenschaften

Philosophie

Einführung in die Philosophie von *H. Leisegang†*. 3. Aufl. 145 S. 1957 *(Bd. 281)*

Erkenntnistheorie von *G. Kropp*. 1. Teil: Allgemeine Grundlegung. 143 S. 1950 *(Bd. 807)*

Hauptprobleme der Philosophie von *G. Simmel†*. 7., unveränd. Aufl. 177 S. 1950 *(Bd. 500)*

Geschichte der Philosophie

I: Die griechische Philosophie von *W. Capelle*. 1. Teil. Von Thales bis Leukippos. 2., erw. Aufl. 135 S. 1953 *(Bd. 857)*

II: Die griechische Philosophie von *W. Capelle*. 2. Teil. Von der Sophistik bis zum Tode Platons. 2., stark erw. Aufl. 144 S. 1953 *(Bd. 858)*

III: Die griechische Philosophie von *W. Capelle*. 3. Teil. Vom Tode Platons bis zur alten Stoa. 2., stark erw. Aufl. 132 S. 1954 *(Bd. 859)*

IV: Die griechische Philosophie von *W. Capelle*. 4. Teil. Von der Alten Stoa bis zum Eklektizismus im 1. Jh. v. Chr. 2., stark erw. Aufl. 132 S. 1954 *(Bd. 863)*

V: Die Philosophie des Mittelalters von *J. Koch*. In Vorb. *(Bd. 826)*

VI: Von der Renaissance bis Kant von *K. Schilling*. 234 S. 1954 *(Bd. 394/394 a)*

VII: Immanuel Kant von *G. Lehmann*. In Vorb. *(Bd. 536)*

VIII: Die Philosophie des 19. Jahrhunderts von *G. Lehmann*. 1. Teil. 151 S. 1953 *(Bd. 571)*

IX: Die Philosophie des 19. Jahrhunderts von *G. Lehmann*. 2. Teil. 168 S. 1953 *(Bd. 709)*

X: Die Philosophie im ersten Drittel des 20. Jahrhunderts I von *G. Lehmann*. In Vorb. *(Bd. 845)*

Die geistige Situation der Zeit (1931) von *K. Jaspers*. 4., unveränd. Abdruck der 1932 bearb. 5. Aufl. 211 S. 1955 *(Bd. 1000)*

Philosophisches Wörterbuch von *M. Apel†*. 5. Aufl., neub. von *P. Ludz* 1957. In Vorb. *(Bd. 1031/1031a)*

Philosophische Anthropologie. Menschliche Selbstdeutung in Geschichte und Gegenwart von *M. Landmann*. 266 S. 1955 *(Bd. 156/156a)*

Pädagogik, Psychologie Soziologie

Geschichte der Pädagogik von *Herm. Weimer*. 12., neub. u. verm. Aufl. von *Heinz Weimer*. 177 S. 1956 (*Bd. 145*)

Therapeutische Psychologie. Ihr Weg durch die Psychoanalyse von *W. M. Kranefeldt*. Mit einer Einführung von *C. G. Jung*. 3., unveränd. Aufl. 152 S. 1956 *(Bd. 1034)*

Allgemeine Psychologie von *Th. Erismann*. 1956. In Vorb. *(Bd. 831)*

Soziologie. Geschichte und Hauptprobleme von *L. von Wiese*. 5. Aufl. 162 S. 1954 *(Bd. 101)*

Sozialpsychologie von *P. R. Hofstätter*. 181 S., 15 Abb., 22 Tab. 1956 *(Bd. 104/104a)*

Psychologie des Berufs- und Wirtschaftslebens von *W. Moede*. 1956 In Vorb. *(Bd. 851)*

Industrie- und Betriebssoziologie von *R. Dahrendorf*. 120 S. 1956 *(Bd. 103)*

Religionswissenschaften

Jesus von *M. Dibelius†*. 2. Aufl. Unveränd. Nachdr. 137 S. 1949 *(Bd. 1130)*

Paulus von *M. Dibelius†*. Nach dem Tode des Verfassers herausgegeben und zu Ende geführt von *W. G. Kümmel*. 2. Aufl. 155 S. 1956 *(Bd. 1160)*

Römische Religionsgeschichte von *F. Altheim*. 2 Bde. 2., umgearb. Aufl.

I: Grundlagen und Grundbegriffe. 116 S. 1956 *(Bd. 1035)*

II: Der geschichtliche Ablauf. 164 S. 1956 *(Bd. 1052)*

Geschichte Israels von *E.-L. Ehrlich*. 1957. In Vorb. *(Bd. 231)*

Musik

Musikästhetik von *H. J. Moser.* 180 S. 1953 *(Bd. 344)*
Systematische Modulation von *R. Hernried.* 2. Aufl. 136 S. 1950 *(Bd. 1094)*
Der polyphone Satz von *E. Pepping.* 2 Bde.
1. Teil: Der cantus-firmus-Satz. 2. Aufl. 223 S. 1950 *(Bd. 1148)*
2. Teil: 1957. In Vorb. *(Bd. 1164/1164a)*
Allgemeine Musiklehre von *H. J. Moser.* 2., durchges. Aufl. 155 S. 1955 *(Bd. 220/220a)*
Harmonielehre von *H. J. Moser.* 2 Bde. I: 109 S. 1954 *(Bd. 809)*
Die Musik des 19. Jahrhunderts von *W. Oehlmann.* 180 S. 1953 *(Bd. 170)*
Die Musik des 20. Jahrhunderts I. von *W. Oehlmann.* In Vorb. *(Bd. 171)*
Technik der deutschen Gesangskunst von *H. J. Moser.* 3., durchges. und verb. Aufl. 144 S., 5 Fig. 1954 *(Bd. 576/576a)*
Die Kunst des Dirigierens von *H. W. von Waltershausen*†. 2. Aufl. 138 S. 1954 *(Bd. 1147)*
Die Technik des Klavierspiels aus dem Geiste des musikalischen Kunstwerkes von *K. Schubert*†. 3. Aufl. 110 S. 1954 *(Bd. 1045)*

Kunst

Stilkunde von *H. Weigert.* 2 Bde. 2. Aufl.
I: Vorzeit, Antike, Mittelalter. 136 S., 94 Abb. 1953 *(Bd. 80)*
II: Spätmittelalter und Neuzeit. 146 S., 84 Abb. 1953 *(Bd. 781)*
Archäologie von *A. Rumpf.* 2 Bde.
I: Einleitung, historischer Überblick. 143 S., 6 Abb., 12 Taf. 1953 *(Bd. 538)*
II: Die Archäologensprache. Die antiken Reproduktionen. 136 S., 7 Abb., 12 Taf. 1956 *(Bd. 539)*

Geschichte

Einführung in die Geschichtswissenschaft von *P. Kirn.* 2. Aufl. 121 S. 1952 *(Bd. 270)*
Zeitrechnung d. röm. Kaiserzeit, des Mittelalters und der Neuzeit für die Jahre 1—2000 n. Chr. von *H. Lietzmann*†. 3. Aufl., durchges von *K. Aland.* 130 S. 1956 *(Bd. 1085)*
Kultur der Urzeit von *F. Behn.* 3 Bde. 4. Aufl. der „Kultur der Urzeit". Bd. I—III von *M. Hoernes.*
I: Die vormetallischen Kulturen. (Die Steinzeiten Europas. Gleichartige Kulturen in anderen Erdteilen). 172 S., 48 Abb. 1950 *(Bd. 564)*
II: Die älteren Metallkulturen. (Der Beginn der Metallbenutzung. Kupfer- und Bronzezeit in Europa, im Orient und in Amerika). 160 S., 67 Abb. 1950 *(Bd. 565)*
III: Die jüngeren Metallkulturen. (Das Eisen als Kulturmetall. Hallstatt-Latène-Kultur in Europa. Das erste Auftreten des Eisens in den anderen Erdteilen). 149 S., 60 Abb. 1950 *(Bd. 566)*
Vorgeschichte Europas von *F. Behn.* Völlig neue Bearbeitung der 7. Aufl. der „Urgeschichte der Menschheit" von *M. Hoernes.* 125 S., 47 Abb. 1949 *(Bd. 42)*
Der Eintritt der Germanen in die Geschichte von *J. Haller.* 3. Aufl., durchges. von *H. Dannenbauer.* 120 S., 6 Ktnskizz. 1957 *(Bd. 1117)*
Von den Karolingern zu den Staufern von *J. Haller* †. Die altdeutsche Kaiserzeit (900—1250). 3. Aufl. 141 S., 4 Ktn. 1944 *(Bd. 1065)*
Deutsche Geschichte im Zeitalter der Reformation, der Gegenreformation und des 30jährigen Krieges von *F. Hartung.* 129 S. 1951 *(Bd. 1105)*
Deutsche Geschichte von 1648 bis 1740 von *W. Treue.* 120 S. 1956 *(Bd. 35)*
Deutsche Geschichte von 1713 bis 1806 von *W. Treue.* 168 S. 1957 *(Bd. 39)*
Quellenkunde der deutschen Geschichte im Mittelalter (bis zur Mitte des 15. Jahrhunderts) von *K. Jacob*†. 3 Bde.
I: Einleitung. Allgemeiner Teil. Die Zeit der Karolinger. 5. Aufl. 118 S. 1949 *(Bd. 279)*
II: Die Kaiserzeit (911—1250). 4. Aufl. 127 S. 1949 *(Bd. 280)*

III: Das Spätmittelalter (vom Interregnum bis 1500). Herausgeg. von *F. Weden.* 152 S. 1952 *(Bd. 284)*

Geschichte Englands von *H. Preller.*
I: bis 1815. 3., stark umgearb. Aufl. 135 S., 7 Stammtaf., 2 Ktn. 1952 *(Bd. 375)*
II: von 1815 bis 1910. 2., völlig umgearb. Aufl. 118 S., 1 Stammtaf., 7 Ktn. 1954 *(Bd. 1088)*

Römische Geschichte von *F. Altheim.* 4 Bde. 2., verb. Aufl.
I: Bis zur Schlacht bei Pydna (168 v. Chr.). 123 S. 1956 *(Bd. 19)*
II: Bis zur Schlacht bei Actium (31 v. Chr.). 130 S. 1956 *(Bd. 677)*

Geschichte der Vereinigten Staaten von Amerika von *O. Graf zu Stolberg-Wernigerode.* 192 S., 10 Ktn. 1956 *(Bd. 1051/1051a)*

Deutsche Sprache und Literatur

Geschichte der deutschen Sprache von *H. Sperber.* 2. Aufl., durchges. von *W. Fleischhauer.* 1957. In Vorb. *(Bd. 915)*

Deutsches Rechtschreibungswörterbuch von *M. Gottschald.* 2., verb. Aufl. 269 S. 1953 *(Bd. 200/200a)*

Deutsche Wortkunde. Eine kulturgeschichtliche Betrachtung des deutschen Wortschatzes von *A. Schirmer.* 3., durchges. Aufl. 109 S. 1949 *(Bd. 929)*

Deutsche Sprachlehre von *W. Hofstaetter.* 9., neubearb. Aufl. von *G. Spree.* 144 S. 1953 *(Bd. 20)*

Stimmkunde für Beruf, Kunst und Heilzwecke von *H. Biehle.* 111 S. 1955 *(Bd. 60)*

Redetechnik. Einführung in die Rhetorik von *H. Biehle.* 115 S. 1954 *(Bd. 61)*

Sprechen und Sprachpflege (Die Kunst des Sprechens) von *H. Feist.* 2., verb. Aufl. 99 S., 25 Abb. 1952 *(Bd. 1122)*

Deutsches Dichten und Denken von der germanischen bis zur staufischen Zeit von *H. Naumann.* (Deutsche Literaturgeschichte vom 5.—13. Jahrhundert). 2., verb. Aufl. 166 S. 1952 *(Bd. 1121)*

Deutsches Dichten und Denken vom Mittelalter zur Neuzeit von *G. Müller* (1270—1700). 2., durchges. Aufl. 159 S. 1949 *(Bd. 1086)*

Der Nibelunge Nôt in Auswahl mit kurzem Wörterbuch von *K. Langosch.* 10., durchges. Aufl. 164 S. 1956 *(Bd. 1)*

Kudrun- und Dietrichepen in Auswahl mit Wörterbuch von *O. L. Jiriczek.* 2. Aufl. bearb. von *R. Wisniewski.* 1957. In Vorb. *(Bd. 10)*

Wolfram von Eschenbach. Parzival. Eine Auswahl mit Anmerk. und Wörterbuch. Von *H. Jantzen.* 2. Aufl., bearb. von *H. Kolb.* 128 S. 1957 *(Bd. 921)*

Die deutschen Personennamen von *M. Gottschald.* 2., verb. Aufl. 151 S. 1955 *(Bd. 422)*

Althochdeutsches Elementarbuch von *H. Naumann*† und *W. Betz.* 2. Aufl. 156 S. 1954 *(Bd. 1111)*

Mittelhochdeutsche Grammatik von *H. de Boor* und *R. Wisniewski.* 141 S. 1956 *(Bd. 1108)*

Indogermanisch, Germanisch

Gotisches Elementarbuch. Grammatik, Texte mit Übersetzung und Erläuterungen von *H. Hempel.* 2., umgearb. Aufl. 165 S. 1953 *(Bd. 79)*

Indogermanische Sprachwissenschaft von *H. Krahe.* 3. Aufl. 1957. In Vorb. *(Bd. 59)*

Germanische Sprachwissenschaft von *H. Krahe.* 2 Bde. 3., neub. Aufl.
I: Einleitung und Lautlehre. 147 S. 1956. *(Bd. 238)*
II: Formenlehre. 149 S. 1957 *(Bd. 780)*

Altnordisches Elementarbuch von *F. Ranke.* Schrifttum, Sprache, Texte mit Übersetzung und Wörterbuch. 2., durchges. Aufl. 146 S. 1949 *(Bd. 1115)*

Englisch, Französisch Italienisch

Altenglisches Elementarbuch von *M. Lehnert.* Einführung, Grammatik, Texte mit Übersetzung und Wörterbuch. 3., verb. Aufl. 178 S. 1955 *(Bd. 1125)*

Historische neuenglische Laut- und Formenlehre von *E. Ekwall.* 3., durchges. Aufl. 150 S. 1956 *(Bd. 735)*

Englische Phonetik von *H. Mutschmann*†. 117 S. 1956. *(Bd. 601)*

Englische Literaturgeschichte. 4 Bde.
I: Die alt- und mittelenglische Periode v. *F. Schubel.* 163 S. 1954 *(Bd. 1114)*
II: Von der Renaissance bis zur Aufklärung von *F. Schubel.* 160 S. 1956 *(Bd. 1116)*
III: Romantik und Viktorianismus von *P. Meissner*†. 150 S. 1938 *(Bd. 1124)*
IV: Das 20. Jahrhundert von *P. Meissner*†. 150 S. 1939 *(Bd. 1136)*

Beowulf von *M. Lehnert.* Eine Auswahl mit Einführung, teilweiser Übersetzung, Anmerkungen und etymologischem Wörterbuch. 2., verb. Aufl. 135 S. 1949 *(Bd. 1135)*

Shakespeare von *P. Meissner*†. 2. Aufl. neubearb. von *M. Lehnert.* 136 S. 1954 *(Bd. 1142)*

Italienische Literaturgeschichte von *K. Vossler*†. Unveränd. Nachdr. der 1927 erschien. 4., durchges. und verb. Aufl. 148 S. 1948 *(Bd. 125)*

Romanische Sprachwissenschaft von *H. Lausberg.* 2 Bde. 1956.
I: Einleitung und Vokalismus. 160 S. *(Bd. 128/128a)*
II: Konsonantismus. 95 S. *(Bd. 250)*

Griechisch, Lateinisch

Griechische Sprachwissenschaft von *W. Brandenstein.* 2 Bde.
I: Einleitung, Lautsystem, Etymologie. 160 S. 1954 *(Bd. 117)*

Geschichte der griechischen Sprache. 2 Bde.
I: Bis zum Ausgang der klassischen Zeit von *O. Hoffmann*†. 3. Aufl. bearb. von *A. Debrunner.* 156 S. 1954 *(Bd. 111)*
II: Grundfragen und Grundzüge des nachklass. Griechisch. Von *A. Debrunner.* 144 S. 1954 *(Bd. 114)*

Geschichte der griechischen Literatur von *W. Nestle.* 2 Bde. 2., verb. Aufl.
I: Von den Anfängen bis auf Alexander d. Gr. 148 S. 1950 *(Bd. 70)*
II: Von Alexander d. Gr. bis zum Ausgang der Antike. 128 S. 1948 *(Bd. 557)*

Geschichte der lateinischen Sprache von *F. Stolz*†. 3., stark umgearb. Auflage von *A. Debrunner.* 136 S. 1953 *(Bd. 492)*

Hebräisch, Sanskrit, Russisch

Hebräische Grammatik von *G. Beer*†. 2 Bde. 2., völlig neub. Aufl. von *R. Meyer*
I: Schrift-, Laut- und Formenlehre I. 157 S. 1952 *(Bd. 763/763a)*
II: Formenlehre II. Syntax und Flexionstabellen. 195 S. 1955 *(Bd. 764/764a)*

Sanskrit-Grammatik von *M. Mayrhofer.* 89 S. 1953 *(Bd. 1158)*

Russische Grammatik von *E. Berneker.* 6., unveränd. Aufl. von *M. Vasmer.* 155 S. 1947 *(Bd. 66)*

Erd- und Länderkunde

Afrika von *F. Jaeger.* Ein geograph. Überblick. 2 Bde. 2., umgearb. Aufl.
I: Der Lebensraum. 179 S., 18 Abb. 1954 *(Bd. 910)*
II: Mensch und Kultur. 152 S., 6 Abb. 1954 *(Bd. 911)*

Iberoamerika von *O. Quelle.* In Vorb. *(Bd. 856)*

Australien und Ozeanien von *H. J. Krug.* 176 S., 46 Skizz. 1953 *(Bd. 319)*

Kartenkunde von *M. Eckert-Greifendorff*†. 3., durchges. Aufl. von *W. Kleffner.* 149 S., 63 Abb. 1950 *(Bd. 30)*

Volkswirtschaft, Publizistik

Allgemeine Betriebswirtschaftslehre von *K. Mellerowicz.* 3 Bde. 9., unveränd. Aufl.
I: 142 S. 1956 *(Bd. 1008)*
II: 112 S. 1956 *(Bd. 1153)*
III: 143 S. 1956 *(Bd. 1154)*

Allgemeine Volkswirtschaftslehre von *A. Paulsen.* 4 Bde.
I: Grundlegung, Wirtschaftskreislauf. 138 S. 1956 *(Bd. 1169)*
II: Haushalte, Unternehmungen, Marktformen. 163 S., 32 Abb. 1956 *(Bd. 1170)*

Zeitungslehre von *E. Dovifat.* 2 Bde. 3., neubearb. Aufl.
I: Theoretische und rechtliche Grundlagen — Nachricht und Meinung — Sprache und Form. 148 S. 1955 *(Bd. 1039)*
II: Redaktion — Die Sparten Verlag und Vertrieb, Wirtschaft und Technik, Sicherung der öffentlichen Aufgabe. 158 S. 1955 *(Bd. 1040)*

Naturwissenschaften

Mathematik

Geschichte der Mathematik von *J. E. Hofmann.* 3 Bde.
I: Von den Anfängen bis zum Auftreten von Fermat und Descartes. 200 S. 1953 *(Bd. 226)*
II: Von Fermat und Descartes bis zur Erfindung des Calcullus und bis zum Ausbau der neuen Methoden. 1957. In Vorb. *(Bd. 875)*
III: Von den Auseinandersetzungen um Calcullus bis zur Französischen Revolution. 1957. In Vorb. *(Bd. 882)*
Mathematische Formelsammlung von *F. Ringleb.* Vollst. umgearb. Neuausg. des Werkes von *O. Th. Bürklen.* 6., erw. Aufl. 278 S., 53 Fig. 1956 *(Bd. 51/51 a)*
Fünfstellige Logarithmen von *A. Adler.* Mit mehreren graphischen Rechentafeln und häufig vorkommenden Zahlwerten. 2. Aufl. Neudr. 127 S., 1 Taf. 1949 *(Bd. 423)*
Höhere Algebra von *H. Hasse.* 2 Bde. 3., verb. Aufl.
I: Lineare Gleichungen. 152 S. 1951 *(Bd. 931)*
II: Gleichungen höheren Grades. 158 S., 5 Fig. 1951 *(Bd. 932)*
Aufgabensammlung zur höheren Algebra von *H. Hasse* und *W. Klobe.* 2., verb. und verm. Aufl. 181 S. 1952 *(Bd. 1082)*
Elementare und klassische Algebra vom modernen Standpunkt von *W. Krull.* 2 Bde. 2., erw. Aufl.
I: 136 S. 1952 *(Bd. 930)*
Einführung in die Zahlentheorie von *A. Scholz*†. Überarb. und herausgeg. von *B. Schoeneberg.* 2. Aufl. 128 S. 1955 *(Bd. 1131)*
Elemente der Funktionentheorie von *K. Knopp.* 4. Aufl. 144 S., 23 Fig. 1955 *(Bd. 1109)*
Funktionentheorie von *K. Knopp.* 2 Bde.
I: Grundlagen der allgem. Theorie der analytischen Funktionen. 9. Aufl. 141 S., 8 Fig. 1957 *(Bd. 668)*
II: Anwendungen und Weiterführung der allgemeinen Theorie. 8./9. Aufl. 130 S., 7 Fig. 1955 *(Bd. 703)*
Aufgabensammlung zur Funktionentheorie von *K. Knopp.* 2 Bde. 4. Aufl.
I: Aufgaben zur elementaren Funktionentheorie. 135 S. 1949 *(Bd. 877)*
II: Aufgaben zur höheren Funktionentheorie. 151 S. 1949 *(Bd. 878)*
Repetitorium und Aufgabensammlung zur Differentialrechnung von *A. Witting*†. 3., neub. Aufl. von *E. Ulrich.* 1957. In Vorb. *(Bd. 146)*
Repetitorium und Aufgabensammlung zur Integralrechnung von *A. Witting*†. 3., neubearb. Aufl. von *E. Ulrich.* 1957. In Vorb. *(Bd. 147)*
Gewöhnliche Differentialgleichungen von *G. Hoheisel.* 5., durchges. Aufl. 129 S. 1956. *(Bd. 920)*
Partielle Differentialgleichungen v. *G. Hoheisel.* 3., neub. Aufl. 130 S. 1953 *(Bd. 1003)*
Aufgabensammlung zu den gewöhnlichen und partiellen Differentialgleichungen von *G. Hoheisel.* 2., umgearb. Aufl. 124 S. 1952 *(Bd. 1059)*
Integralgleichungen von *G. Hoheisel.* 2., durchges. Aufl. 1957. In Vorb. *(Bd. 1099)*
Mengenlehre von *E. Kamke.* 3., neub. Auflage. 194 S., 6 Fig. 1955 *(Bd. 999/999 a)*
Darstellende Geometrie von *W. Haack.* 3 Bde.
I: Die wichtigsten Darstellungsmethoden. Grund- und Aufriß ebenflächiger Körper. 110 S., 117 Abb. 1954 *(Bd. 142)*
II: Körper mit krummen Begrenzungsflächen. Kotierte Projektionen. 129 S., 86 Abb. 1954. *(Bd. 143)*
III: Axonometrie, Perspektive. Photogrammetrie. 127 S., 100 Abb. 1957 *(Bd. 144)*
Sammlung von Aufgaben und Beispielen zur analytischen Geometrie der Ebene von *R. Haussner*†. Mit den vollständigen Lösungen. 139 S., 22 Fig. Neudr. 1949 *(Bd. 256)*
Nichteuklidische Geometrie. Hyperbolische Geometrie der Ebene. Von

R. Baldus†. 3., verb. Aufl., durchges. und herausgeg. von *F. Löbell*. 140 S., 70 Fig. 1953 *(Bd. 970)*
Differentialgeometrie von *K. Strubecker* (früher Rothe). 3 Bde.
I: Kurventheorie der Ebene und des Raumes. 150 S., 18 Fig. 1955 *(Bd. 1113/1113a)*
II: Flächentheorie. 13 Fig. 1957. In Vorb. *(Bd. 1179/1179a)*
III: Theorie der Flächenkrümmung. 37 Fig. 1957. In Vorb. *(Bd. 1180/1180a)*
Einführung in die konforme Abbildung von *L. Bieberbach*. 5., erw. Aufl. 180 S., 42 Fig. 1956. *(Bd. 768/768a)*
Vektoren und Matrizen von *S. Valentiner*. 8., erw. Aufl. der „Vektoranalysis". 35 Fig. Mit Anh.: Aufgaben zur Vektorrechnung von *H. König*. 1957. In Vorb. *(Bd. 354/354a)*
Vermessungskunde von *P. Werkmeister*. 3 Bde.
II: Messung von Horizontalwinkeln. Festlegung von Punkten im Koordinatensystem. Absteckungen. 7. Aufl. 151 S., 93 Fig. 1949 *(Bd. 469)*
III: Trigonometrische und barometrische Höhenmessung. Tachymetrie und Topographie. 6. Aufl. 147 S., 64 Fig. 1949 *(Bd. 862)*
Versicherungsmathematik von *F. Böhm*. 2 Bde.
I: Elemente der Versicherungsrechnung. 3., verm. und verb. Aufl. Durchges. Neudr. 151 S. 1954 *(Bd. 180)*
II: Lebensversicherungsmathematik. Einführung in die technischen Grundlagen der Sozialversicherung. 2., verb. Aufl. 205 S. 1953 *(Bd. 917/917a)*

Physik

Einführung in die theoretische Physik von *W. Döring*. 5 Bde.
I: Mechanik. 119 S., 29 Abb. 1954 *(Bd. 76)*
II: Das elektromagnetische Feld. 123 S., 15 Abb. 1955 *(Bd. 77)*
III: Optik. 117 S., 32 Abb. 1956 *(Bd. 78)*
IV: Thermodynamik. 107 S., 9 Abb. 1956. *(Bd. 374)*
V: Statische Mechanik. 1957. In Vorb. *(Bd. 1017)*
Atomphysik von *K. Bechert* und *Ch. Gerthsen*. 7 Bde. 3., umgearb. Aufl.
I: Allgemeine Grundlagen. 1. Teil. 124 S., 55 Abb. 1955 *(Bd. 1009)*
II: Allgemeine Grundlagen. 2. Teil. 112 S., 48 Abb. 1955 *(Bd. 1033)*
III: Theorie des Atombaus. 1. Teil. 148 S., 16 Abb. 1954 *(Bd. 1123/1123a)*
IV: Theorie des Atombaus. 2. Teil. 170 S., 14 Abb. 1954 *(Bd. 1165/1165a)*
Differentialgleichungen der Physik von *F. Sauter*. 2. Aufl. 148 S., 16 Fig. 1950 *(Bd. 1070)*
Physikalische Formelsammlung von *G. Mahler*† und *K. Mahler*. 9., durchges. Aufl. 153 S. mit 69 Fig. 1955 *(Bd. 136)*
Physikalische Aufgabensammlung von *G. Mahler*† und *K. Mahler*. Mit den Ergebn. 9., durchges. Aufl. 127 S. 1957 *(Bd. 243)*

Chemie

Geschichte der Chemie in kurzgefaßter Darstellung von *G. Lockemann*. 2 Bde.
I: Vom Altertum bis zur Entdeckung des Sauerstoffs. 142 S., 8 Bildn. 1950 *(Bd. 264)*
II: Von der Entdeckung des Sauerstoffs bis zur Gegenwart. 151 S., 16 Bildn. 1955 *(Bd. 265/265a)*
Anorganische Chemie von *W. Klemm*. 9. Aufl. 184 S., 18 Abb. 1957 *(Bd. 37)*
Organische Chemie von *W. Schlenk*. 7., erw. Aufl. 1957. In Vorb. *(Bd. 38/38a)*
Allgemeine und physikalische Chemie von *W. Schulze*. 3 Bde. 4., neubearb. Aufl.
I: 139 S., 10 Fig. 1955 *(Bd. 71)*
II: 176 S., 37 Fig. 1956 *(Bd. 698/698a)*
III: 1956. In Vorb. *(Bd. 786)*
Analytische Chemie von *J. Hoppe*. 2 Bde. 5., verb. Aufl.
I: Reaktionen. 135 S. 1950 *(Bd. 247)*
II: Gang der qualitativen Analyse. 166 S. 1950 *(Bd. 248)*
Maßanalyse. Theorie und Praxis der klassischen und der elektrochemischen Titrierverfahren. Von *G. Jander* und *K. F. Jahr*. 7., erg. Aufl. 303 S., 50 Fig. 1956. *(Bd. 221/221a)*

Thermochemie von *W. A. Roth.* 2., verb. Aufl. 109 S., 16 Fig. 1952 *(Bd. 1057)*
Physikalisch-chemische Rechenaufgaben von *E. Asmus.* 2. Aufl. 95 S. 1949 *(Bd. 445)*
Stöchiometrische Aufgabensammlung. Mit den Ergebn. von *W. Bahrdt*† und *R. Scheer.* 6., durchges. Aufl. 118 S. 1957 *(Bd. 452)*
Elektrochemie und ihre physikalisch-chemischen Grundlagen von *A. Dassler.* 2 Bde.
I: 149 S., 21 Abb. 1950 *(Bd. 252)*
II: 178 S., 17 Abb. 1950 *(Bd. 253)*

Technologie

Warenkunde von *K. Hassak*† und *E. Beutel*†. 2 Bde. 7. Aufl. Neubearb. von *A. Kutzelnigg*
I: Anorganische Waren sowie Kohle und Erdöl. 116 S., 19 Fig. 1947 *(Bd. 222)*
II: Organische Waren. 143 S., 32 Fig. 1949 *(Bd. 223)*
Die Fette und Öle von *K. Braun*†. 5., völlig neubearb. und verb. Aufl. von *Th. Klug.* 145 S. 1950 *(Bd. 335)*
Die Seifenfabrikation von *K. Braun*†. 3., neubearb. und verb. Aufl. von *Th. Klug.* 116 S., 18 Abb. 1953 *(Bd. 336)*
Textilindustrie
I: Spinnerei und Zwirnerei. Von *A. Blümcke.* 111 S., 43 Abb. 1954 *(Bd. 184)*

Biologie

Einführung in die allgemeine Biologie von *M. Hartmann.* 132 S., 2 Abb. 1956. *(Bd. 96)*
Hormone von *G. Koller.* 2., neubearb. und erw. Aufl. 187 S., 60 Abb., 19 Tab. 1949 *(Bd. 1141)*
Fortpflanzung im Tier- und Pflanzenreich von *J. Hämmerling.* 2., erg. Aufl. 135 S., 101 Abb. 1951 *(Bd. 1138)*
Geschlecht und Geschlechtsbestimmung im Tier- und Pflanzenreich von *M. Hartmann.* 2., verb. Aufl. 116 S., 61 Abb., 7 Tab. 1951 *(Bd. 1127)*
Grundriß der allgemeinen Mikrobiologie von *W. Schwartz.* 2 Bde.
I: 104 S. 17 Abb. 1949 *(Bd. 1155)*
II: 93 S. 12 Abb. 1949 *(Bd. 1157)*
Symbiose der Tiere mit pflanzlichen Mikroorganismen von *P. Buchner.* 2., verb. und verm. Aufl. 130 S. 121 Abb. 1949 *(Bd. 1128)*

Botanik

Entwicklungsgeschichte des Pflanzenreiches von *H. Heil.* 2. Aufl. 138 S. 94 Abb. 1 Tab. 1950 *(Bd. 1137)*
Morphologie der Pflanzen von *L. Geitler.* 3. Aufl. 126 S. 114 Abb. 1953 *(Bd. 141)*
Pflanzenzüchtung von *H. Kuckuck* 2 Bde.
I: Grundzüge der Pflanzenzüchtung. 3., völlig umgearb. Aufl. 132 S. 22 Abb. 1952 *(Bd. 1134)*
II: Spez. gartenbaul. Pflanzenzüchtung. 178 S., 27 Abb. 1957 *(Bd. 1178/1178a)*
Die Laubhölzer. Kurzgefaßte Beschreibung der in Mitteleuropa gedeihenden Laubbäume und Sträucher. Von *F. W. Neger*† und *E. Münch*†. 3., durchges. Aufl. herausgeg. von *B. Huber.* 143 S. 63 Fig. 7 Tab. 1950 *(Bd. 718)*
Die Nadelhölzer (Koniferen) und übrigen Gymnospermen von *F. W. Neger*† und *E. Münch*†. 4. Aufl. Durchges. und erg. von *B. Huber.* 140 S., 75 Fig., 4 Tab., 3 Ktn. 1952 *(Bd. 355)*

Zoologie

Entwicklungsphysiologie der Tiere von *F. Seidel.* 2 Bde.
I: Ei und Furchung. 126 S., 29 Abb. 1953 *(Bd. 1162)*
II: Körpergrundgestalt und Organbildg. 159 S., 42 Abb. 1953 *(Bd. 1163)*
Das Tierreich.
Fische von *D. Lüdemann.* 130 S., 65 Abb. 1955 *(Bd. 356)*
Insekten von *H. von Lengerken.* 128 S., 58 Abb. 1953 *(Bd. 594)*
Lurche (Chordatiere) von *K. Herter.* 143 S., 129 Abb. 1955 *(Bd. 847)*
Spinnentiere (Trilobitomorphen, Fühlerlose) und Tausendfüßler. Von *A. Kaestner.* 96 S., 55 Abb. 1955 *(Bd. 1161)*
Würmer. Platt-, Hohl-, Schnurwürmer, Komptozoen, Ringelwürmer, Protracheaten, Bärtierchen,

Zungenwürmer. Von *S. Jaeckel*. 114 S., 36 Abb. 1955 *(Bd. 439)*
Weichtiere. Urmollusken, Schnekken, Muscheln, Kopffüßer. Von *S. Jaeckel*. 92 S., 34 Abb. 1954 *(Bd. 440)*
Stachelhäuter. Tentakulaten, Binnenatmer u. Pfeilwürmer. Von *S. Jaeckel*. 100 S., 46 Abb. 1955 *(Bd. 441)*
Schwämme und Hohltiere von *H. J. Hannemann*. 95 S., 80 Abb. 1956 *(Bd. 442)*
Krebse von *H. E. Gruner* und *K. Deckert*. 114 S., 43 Abb. 1956 *(Bd. 443)*
Einzeller, Protozoen von *E. Reichenow*. 115 S., 59 Abb. 1956 *(Bd. 444)*
Vergleichende Physiologie der Tiere von *K. Herter*. 2 Bde. 3. Aufl. der „Tierphysiologie".
I: Stoff- und Energiewechsel. 155 S., 64 Abb. 1950 *(Bd. 972)*
II: Bewegung und Reizerscheinungen. 148 S., 110 Abb. 1950 *(Bd. 973)*

Land- und Forstwirtschaft

Landwirtschaftliche Tierzucht. Die Züchtung und Haltung der landwirtschaftlichen Nutztiere von *H. Vogel*. 139 S., 11 Abb. 1952 *(Bd. 228)*
Kulturtechnische Bodenverbesserungen von *O. Fauser*. 2. Bde. 4., neubearb. Aufl.
I: Allgemeines, Entwässerung. 122 S., 47 Abb. 1947 *(Bd. 691)*
II: Bewässerung, Ödlandkultur, Umlegung. 150 S., 67 Abb. 1949 *(Bd. 692)*
Agrikulturchemie von *K. Scharrer*. 2 Bde.
I: Pflanzenernährung. 143 S. 1953 *(Bd. 329)*
II: Futtermittelkunde. 192 S. 1956. *(Bd. 330/330a)*

Geologie, Mineralogie Kristallographie

Geologie von *F. Lotze*. 176 S., 80 Abb. 1955 *(Bd. 13)*
Mineral- und Erzlagerstättenkunde von *H. Huttenlocher*†. 2 Bde.
I: 128 S., 34 Abb. 1954 *(Bd. 1014)*
II: 156 S., 48 Abb. 1954 *(Bd. 1015/1015a)*
Allgemeine Mineralogie. 9., erw. Aufl. der „Mineralogie" von *R. Brauns*† und *K. F. Chudoba*. 104 S., 107 Fig., 1 Taf., 2 Tab. 1955 *(Bd. 29)*
Spezielle Mineralogie. 9., erw. Aufl. der „Mineralogie" von *R. Brauns*† und *K. F. Chudoba*. 133 S., 105 Fig. 1955 *(Bd. 31)*
Petrographie (Gesteinskunde) von *W. Bruhns*† und *P. Ramdohr*. 4., durchges. Aufl. 104 S., 10 Fig. 1955 *(Bd. 173)*
Kristallographie von *W. Bruhns*† und *P. Ramdohr*. 4. Aufl. 106 S., 163 Abb. 1954 *(Bd. 210)*
Einführung in die Kristalloptik von *E. Buchwald*. 4., verb. Aufl. 138 S., 121 Fig. 1952 *(Bd. 619)*
Lötrohrprobierkunde. Mineraldiagnose mit Lötrohr- und Tüpfelreaktion. Von *M. Henglein*. 3., verb. Aufl. 91 S., 11 Fig. 1949 *(Bd. 483)*

Technik

Graphische Darstellung in Wissenschaft und Technik von *M. Pirani*. 3., verb. Aufl. bearb. von *J. Fischer*. 101 Abb. 1957. In Vorb. *(Bd. 728/728a)*

Elektrotechnik

Grundlagen der allgemeinen Elektrotechnik von *O. Mohr*. 3 Bde.
I: Die drei Feldformen. 96 S., 41 Abb., 6 Taf. 1956. *(Bd. 196)*
II: Die wichtigsten elektr. und phys. Grunderscheinungen. 95 S., 36 Abb., 7 Taf. 1956. *(Bd. 197)*
III: Schaltvorgänge, Widerstandsformen, Meßtechnik. 91 S., 59 Abb., 1 Taf. 1956. *(Bd. 198)*
Die Gleichstrommaschine von *K. Humburg*. 2 Bde. 2., durchges. Aufl.
I: 102 S., 59 Abb. 1956. *(Bd. 257)*
II: 101 S., 38 Abb. 1956. *(Bd. 881)*
Die synchrone Maschine von *K. Humburg*. Neudr. 109 S., 78 Abb. 1951 *(Bd. 1146)*

Induktionsmaschinen von *F. Unger*. 2., erw. Aufl. 142 S., 49 Abb. 1954 *(Bd. 1140)*

Die komplexe Berechnung von Wechselstromschaltungen von *H. H. Meinke*. 2 Aufl. 1957. In Vorb. *(Bd. 1156/1156a)*

Theoretische Grundlagen zur Berechnung der Schaltgeräte von *F. Kesselring*. 3. Aufl. 144 S., 92 Abb. 1950 *(Bd. 711)*

Einführung in die Technik selbsttätiger Regelungen von *W. zur Megede*. 174 S., 86 Abb. 1956 *(Bd. 714/714a)*

Elektromotorische Antriebe (Grundlagen für die Berechnung) von *A. Schwaiger*. 3., neubearb. Aufl. 96 S., 34 Abb. 1952 *(Bd. 827)*

Technische Tabellen und Formeln von *W. Müller*. 4., verb und erw. Aufl. von *E. Schulze*. 152 S., 105 Fig. 1951 *(Bd. 579)*

Überspannungen und Überspannungsschutz von *G. Frühauf*. Durchges. Neudr. 122 S., 98 Abb. 1950 *(Bd. 1132)*

Maschinenbau

Metallkunde von *H. Borchers*. 2 Bde. 3. Aufl.
I: Aufbau der Metalle und Legierungen. 120 S., 90 Abb., 2 Tab. 1956. *(Bd. 432)*
II: Eigenschaften, Grundzüge der Form und Zustandsgebung. 154 S., 100 Abb., 8 Tab. 1957 *(Bd. 433)*

Die Werkstoffe des Maschinenbaues von *H. Thum* und *C. M. von Meysenbug*. 2 Bde.
I: Einführung in die Werkstoffprüfung. 2., neubearb. Aufl. 100 S., 7 Tab., 56 Abb. 1956. *(Bd. 476)*

Dynamik von *W. Müller*. 2 Bde. 2., verb. Aufl.
I: Dynamik des Einzelkörpers. 128 S., 48 Fig. 1952 *(Bd. 902)*
II: Systeme von starren Körpern. 102 S., 41 Fig. 1952 *(Bd. 903)*

Technische Schwingungslehre von *L. Zipperer*. 2 Bde. 2., neubearb. Aufl.
I: Allgemeine Schwingungsgleichungen, einfache Schwinger. 120 S., 101 Abb. 1953 *(Bd. 953)*
II: Torsionsschwingungen in Maschinenanlagen. 102 S., 59 Abb. 1955 *(Bd. 961/961a)*

Werkzeugmaschinen für Metallbearbeitung von *K. P. Matthes*. 4 Bde.
I: 100 S., 27 Abb., 11 Zahlentaf., 1 Tafelanh. 1954 *(Bd. 561)*
II: Fertigungstechnische Grundlagen der neuzeitlichen Metallbearbeitung. 101 S., 30 Abb., 5 Taf. 1955 *(Bd. 562)*

Transformatoren von *W. Schäfer*. 3., überarb. u. erg. Aufl. 130 S., 73 Abb. 1957 *(Bd. 952)*

Das Maschinenzeichnen mit Einführung in das Konstruieren von *W. Tochtermann*. 2 Bde. 4. Aufl.
I: Das Maschinenzeichnen. 156 S., 77 Taf. 1950 *(Bd. 589)*
II: Ausgeführte Konstruktionsbeispiele. 130 S., 58 Taf. 1950 *(Bd. 590)*

Die Maschinenelemente von *E. A. vom Ende*. 3., verb. Aufl., 166 S., 175 Fig., 9 Taf. 1956. *(Bd. 3/3a)*

Maschinen der Eisenhüttenwerke von *L. Engel*. 1957. In Vorb. *(Bd. 583/583a)*

Walzwerke von *H. Sedlaczek*. 2 Bde.
I: Allgem. Verformungslehre, Grundelemente und Hilfseinrichtungen der Walzwerke. 90 Abb. 1957. In Vorb. *(Bd. 580)*
II: Die Walzwerke in Aufbau und Betrieb. 67 Abb. 1957. In Vorb. *(Bd. 581)*

Getriebelehre von *P. Grodzinski*. 2 Bde. 2., neubearb. Aufl.
I: Geometrische Grundlagen. 159 S., 142 Fig. 1953 *(Bd. 1061)*

Gießereitechnik von *H. Jungbluth*. 2 Bde.
I: Eisengießerei. 126 S., 44 Abb. 1951 *(Bd. 1159)*

Die Dampfkessel und Feuerungen einschließlich Hilfseinrichtungen in Theorie, Konstruktion und Berechnung von *W. Marcard*†. 2 Bde. 2. Aufl. Neubearb. von *K. Beck*.
I: Die theoretischen Grundlagen, Wärme, Verbrennung, Wärmeübertragung. 150 S., 42 Abb., 16 Tab. 1951 *(Bd. 9)*
II: Dampfkessel. 147 S., 43 Abb. 1952 *(Bd. 521)*

Dampfturbinen, ihre Wirkungsweise, Berechnung und Konstruktion von *C. Zietemann*. 3 Bde. 3., verb. Aufl.
I: Theorie der Dampfturbinen. 139 S., 48 Abb. 1955 *(Bd. 274)*

II: Die Berechnung der Dampfturbinen und die Konstruktion der Einzelteile. 132 S., 111 Abb. 1956 *(Bd. 715)*
III: Die Regelung der Dampfturbinen, die Bauarten, Turbinen für Sonderzwecke, Kondensationsanlagen. 126 S., 90 Abb. 1956 *(Bd. 716)*
Technische Thermodynamik von *W. Nußelt.* 3 Bde.
I: Grundlagen. 4., verb. Aufl. 144 S., 71 Abb. 1956. *(Bd. 1084)*
II: Theorie der Wärmekraftmaschinen. Neudr. 144 S., 87 Abb., 32 Zahlentaf. 1951 *(Bd. 1151)*
Autogenes Schweißen und Schneiden von *H. Niese.* 5. Aufl. Neubearb. von *A. Küchler.* 136 S., 71 Fig. 1954 *(Bd. 499)*
Die elektrischen Schweißverfahren von *H. Niese.* 2. Aufl. Neubearb. von *H. Dienst.* 136 S., 58 Abb. 1955 *(Bd. 1020)*
Hebezeuge. Entwurf von Winden und Kranen von *G. Tafel.* 2., verb. Aufl. 176 S., 230 Fig. 1954 *(Bd. 414/414a)*

Wasserbau

Wasserkraftanlagen von *A. Ludin* u. Mitarb. v. *W. Borkenstein.* 2 Bde.
I: Planung, Grundlagen und Grundzüge. 124 S., 60 Abb. 1955 *(Bd. 665)*
Verkehrswasserbau von *H. Dehnert.* 3 Bde.
I: Entwurfsgrundlagen, Flußregelungen. 103 S., 52 Abb. 1950 *(Bd. 585)*
II: Flußkanalisierung und Schiffahrtskanäle. 94 S., 60 Abb. 1950 *(Bd. 597)*
III: Schleusen und Hebewerke. 98 S., 70 Abb. 1950 *(Bd. 1152)*
Wehr- und Stauanlagen von *H. Dehnert.* 134 S., 90 Abb. 1952 *(Bd. 965)*
Talsperren von *F. Tölke.* 122 S., 70 Abb. 1953 *(Bd. 1044)*

Hoch- und Tiefbau

Die wichtigsten Baustoffe des Hoch- und Tiefbaus von *O. Graf.* 4., verb. Aufl. 131 S., 63 Abb. 1953 *(Bd. 984)*
Baustoffverarbeitung und Baustellenprüfung des Betons von *A. Kleinlogel.* 2., neubearb. und erw. Aufl. 126 S., 35 Abb. 1951 *(Bd. 978)*
Festigkeitslehre. 2 Bde.
I: Elastizität, Plastizität und Festigkeit der Baustoffe und Bauteile von *W. Gehler*† und *W. Herberg.* Durchges. und erw. Neudr. 159 S., 118 Abb. 1952 *(Bd. 1144)*
II: Formänderung, Platten, Stabilität und Bruchhypothesen von *W. Herberg* und *N. Dimitrov.* 187 S., 94 Abb. 1955 *(Bd. 1145/1145a)*
Grundlagen des Stahlbetonbaus von *A. Troche.* 2., neubearb. und erw. Aufl. 208 S., 75 Abb., 17 Bemessungstaf., 20 Rechenbeisp. 1953 *(Bd. 1078)*
Statik der Baukonstruktionen von *A. Teichmann.* 4 Bde.
I: Grundlagen. 100 S., 51 Abb., 8 Formeltaf. 1956 *(Bd. 119)*
II: Statisch bestimmte Stabwerke. 107 S., 52 Abb., 7 Taf. 1957 *(Bd. 120)*
Fenster, Türen, Tore aus Holz und Metall. Eine Anleitung zu ihrer guten Gestaltung, wirtschaftlichen Bemessung und handwerksgerechten Konstruktion von *W. Wickop.* 4., überarb. und erg. Aufl. 155 S., 95 Abb. 1955 *(Bd. 1092)*
Heizung und Lüftung von *J. Körting*† und *W. Körting.* 2 Bde. 8., neubearb. Aufl.
I: Das Wesen und die Berechnung der Heizungs- und Lüftungsanlagen. 140 S., 29 Abb., 18 Zahlentaf. 1951 *(Bd. 342)*
II: Die Ausführung der Heizungs- und Lüftunganlagen. 152 S., 165 Abb., 7 Zahlentaf. 1954 *(Bd. 343)*
Industrielle Kraft- und Wärmewirtschaft von *F. A. F. Schmidt* u. *A. Beckers.* 167 S., 69 Abb. 1957 *(Bd. 318/318a)*

SAMMLUNG GÖSCHEN / BANDNUMMERNFOLGE

1 Langosch, Der Nibelunge Nôt
3/3a v. Ende, Die Maschinenelemente
9 Marcard-Beck, Dampfkessel I
10 Jiriczek-Wisniewski, Kudrun- und Dietrichepen
13 Lotze, Geologie
19 Altheim, Röm. Geschichte I
20 Hofstaetter-Spree, Dt. Sprachlehre
29 Brauns-Chudoba, Allg. Mineralogie
30 Eckert-Greifendorff-Kleffner, Kartenkunde
31 Brauns-Chudoba, Spez. Mineralogie
35 Treue, Dt. Geschichte von 1648 bis 1740
37 Klemm, Anorganische Chemie
38/38a Schlenk, Organ. Chemie
39 Treue, Dt. Geschichte von 1713 bis 1806
42 Behn, Vorgeschichte Europas
51/51a Ringleb-Bürklen, Mathematische Formelsammlung
59 Krahe, Indogerm. Sprachwiss.
60 Biehle, Stimmkunde
61 Biehle, Redetechnik
66 Berneker-Vasmer, Russische Grammatik
70 Nestle, Griech. Literaturgesch. I
71 Schulze, Allg. u. phys. Chemie I
76 Döring, Einf. i. d. theoret. Physik I
77 Döring, — II
78 Döring, — III
79 Hempel, Gotisches Elementarb.
80 Weigert, Stilkunde I
96 Hartmann, Einf. i. d. allgem. Biologie
101 v. Wiese, Soziologie
103 Dahrendorf, Industrie- und Betriebssoziologie
104/104a Hofstätter, Sozialpsychologie
111 Hoffmann-Debrunner, Gesch. d. griechischen Sprache I
114 Debrunner, — II
117 Brandenstein, Griechische Sprachwissenschaft I
119 Teichmann, Statik der Baukonstruktionen I
120 Teichmann, - II
125 Vossler, Italienische Literaturgeschichte
128/128a Lausberg, Romanische Sprachwissenschaft I
136 Mahler, Physikalische Formelsammlung
141 Geitler, Morphol. der Pflanzen
142 Haack, Darst. Geometrie I
143 Haack, — II
144 Haack, — III
145 Weimer, Gesch. der Pädagogik
146 Witting, Repetitorium und Aufgabensammlung zur Differentialrechnung
147 Witting, Repetitorium und Aufgabensammlung zur Integralrechnung
156/156a Landmann, Philosophische Anthropologie
170 Oehlmann, Musik des 19. Jahrhunderts
171 Oehlmann, Musik des 20. Jahrhunderts I
173 Bruhns-Ramdohr, Petrographie
180 Böhm, Versicherungsmath. I
184 Blümcke, Spinnerei und Zwirnerei
196 Mohr, Grundlagen d. Elektrotechnik I
197 Mohr, — II
198 Mohr, — III
200/200a Gottschald, Dt. Rechtschreibungswörterbuch
210 Bruhns-Ramdohr, Kristallographie
220/220a Moser, Allg. Musiklehre
221/221a Jander-Jahr, Maßanalyse
222 Hassak-Beutel, Warenkunde I
223 Hassak-Beutel, — II
226 Hofmann, Geschichte der Mathematik I
228 Vogel, Landw. Tierzucht
231 Ehrlich, Geschichte Israels
238 Krahe, German. Sprachwiss. I
243 Mahler, Physikal. Aufgabensammlung
247 Hoppe, Analytische Chemie I
248 Hoppe, — II
250 Lausberg, Roman. Sprachwissenschaft II
252 Dassler, Elektrochemie I
253 Dassler, — II

256 Haussner, Aufgabensamml. zur analyt. Geometrie der Ebene
257 Humburg, Die Gleichstrommaschine I
264 Lockemann, Geschichte der Chemie I
265/265a Lockemann, – II
270 Kirn, Einführung in die Geschichtswissenschaft
274 Zietemann, Dampfturbinen I
279 Jacob, Quellenkunde der deutschen Geschichte I
280 Jacob, – II
281 Leisegang, Einführung in die Philosophie
284 Jacob-Weden, Quellenkunde der deutschen Geschichte III
318/318a Schmidt, Industrielle Kraft- und Wärmewirtschaft
319 Krug, Australien und Ozeanien
329 Scharrer, Agrikulturchemie I
330/330a Scharrer, – II
335 Braun-Klug, Fette und Öle
336 Braun-Klug, Seifenfabrikation
342 Körting, Heizung und Lüftung I
343 Körting, – II
344 Moser, Musikästhetik
354/354a Valentiner, Vektoren
355 Neger-Münch, Nadelhölzer
356 Lüdemann, Fische
374 Döring, Einf. in die theoret. Physik IV
375 Preller, Geschichte Englands I
394/394a Schilling, Von der Renaissance bis Kant
414/414a Tafel, Hebezeuge I
422 Gottschald, Dt Personennamen
423 Adler, Fünfstell. Logarithmen
432 Borchers, Metallkunde I
433 Borchers, — II
439 Jaeckel, Würmer
440 Jaeckel, Weichtiere
441 Jaeckel, Stachelhäuter
442 Hannemann, Schwämme und Hohltiere
443 Gruner-Deckert, Krebse
444 Reichenow, Einzeller
445 Asmus, Physikal.-chemische Rechenaufgaben
452 Bahrdt-Scheer, Stöchiometrische Aufgabensammlung
469 Werkmeister, Vermessungskunde II
476 Thum-Meysenbug, Die Werkstoffe des Maschinenbaus I
483 Henglein, Lötrohrprobierkunde
492 Stolz-Debrunner, Geschichte der lateinischen Sprache
499 Niese, Autogen. Schweißen
500 Simmel, Hauptprobleme der Philosophie
521 Marcard-Beck, Dampfkessel II
536 Lehmann, Kant
538 Rumpf, Archäologie I
539 Rumpf, – II
557 Nestle, Griechische Literaturgeschichte II
561 Matthes, Werkzeugmaschinen I
562 Matthes, – II
564 Behn, Kultur der Urzeit I
565 Behn, – II
566 Behn, – III
571 Lehmann, Philosophie des 19. Jahrhunderts I
576/576a Moser, Gesangskunst
579 Müller-Schulze, Techn. Tabellen
580 Sedlaczek, Walzwerke I
581 Sedlaczek, — II
583/583a Engel, Maschinen der Eisenhüttenwerke
585 Dehnert, Verkehrswasserbau I
589 Tochtermann, Maschinenzeichnen I
590 Tochtermann, – II
594 Lengerken, Insekten
597 Dehnert, Verkehrswasserbau II
601 Mutschmann, Engl. Phonetik
619 Buchwald, Kristalloptik
665 Ludin, Wasserkraftanlagen I
668 Knopp, Funktionentheorie I
677 Altheim, Röm. Geschichte II
691 Fauser, Kulturtechn. Bodenverbesserungen I
692 Fauser, – II
698/698a Schulze, Allgemeine und physikalische Chemie II
703 Knopp, Funktionentheorie II
709 Lehmann, Philosophie des 19. Jahrhunderts II
711 Kesselring, Berechnung der Schaltgeräte
714/714a zur Megede, Einf. in die Technik selbsttät. Regelungen
715 Zietemann, Dampfturbinen II
716 Zietemann, – III
718 Neger-Münch, Laubhölzer
728/728a Pirani, Graph. Darstellung
735 Ekwall, Historische neuengl. Laut und Formenlehre
763/763a Beer-Meyer, Hebräische Grammatik I
764/764a Beer-Meyer, – II

768/768a Bieberbach, Einführung in die konforme Abbildung
780 Krahe, Germ. Sprachwiss. II
781 Weigert, Stilkunde II
786 Schulze, Allgem. und physikalische Chemie III
807 Kropp, Erkenntnistheorie I
809 Moser, Harmonielehre I
826 Koch, Philosophie des Mittelalters
827 Schwaiger, Elektromotorische Antriebe
831 Erismann, Allg. Psychologie
845 Lehmann, Philosophie im ersten Drittel des 20. Jahrhunderts
847 Herter, Lurche
851 Moede, Psychologie des Berufs- und Wirtschaftslebens
856 Quelle, Iberoamerika
857 Capelle, Griech. Philosophie I
858 Capelle, — II
859 Capelle, — III
862 Werkmeister, Vermessungskunde III
863 Capelle, Griech. Philosophie IV
875 Hofmann, Gesch. d. Math. II
877 Knopp, Aufgabensammlung zur Funktionstheorie I
878 Knopp, — II
881 Humburg, Gleichstrommaschine II
882 Hofmann, Gesch. d. Math. III
902 Müller, Dynamik I
903 Müller, — II
910 Jaeger, Afrika I
911 Jaeger, — II
915 Sperber-Fleischhauer, Gesch. der deutschen Sprache
917/917a Böhm, Versicherungsmathematik II
920 Hoheisel, Gewöhnliche Differentialgleichungen
921 Jantzen-Kolb, W. v. Eschenbach. Parzival
929 Schirmer, Dt. Wortkunde
930 Krull, Elementare und klassische Algebra I
931 Hasse, Höhere Algebra I
932 Hasse, — II
952 Schäfer, Transformatoren
953 Zipperer, Techn. Schwingungslehre I
961/961a Zipperer, — II
965 Dehnert, Wehr- und Stauanl.
970 Baldus-Löbell, Nichteuklid. Geometrie
972 Herter, Tierphysiologie I
973 Herter, — II
978 Kleinlogel, Baustoffverarb. u. Baustellenprüf. des Betons
984 Graf, Die wichtigsten Baustoffe des Hoch- u. Tiefbaus
999/999a Kamke, Mengenlehre
1000 Jaspers, Geistige Situation
1003 Hoheisel, Partielle Differentialgleichungen
1008 Mellerowicz, Allgemeine Betriebswirtschaftslehre I
1009 Bechert-Gerthsen, Atomphysik I
1014 Huttenlocher, Mineral- und Erzlagerstättenkunde I
1015/1015a Huttenlocher, — II
1017 Döring, Einf. i. d. theoret. Physik V
1020 Niese-Dienst, Elektr. Schweißverfahren
1031/1031a Apel, Philosophisches Wörterbuch
1033 Bechert-Gerthsen, Atomphysik II
1034 Kranefeldt, Therapeutische Psychologie
1035 Altheim, Röm. Religionsgeschichte I
1039 Dovifat, Zeitungslehre I
1040 Dovifat, — II
1044 Tölke, Talsperren
1045 Schubert, Technik des Klavierspiels
1051/1051a Stolberg-Wernigerode, Gesch. der Verein. Staaten von Amerika
1052 Altheim, Röm. Religionsgeschichte II
1057 Roth, Thermochemie
1059 Hoheisel, Aufgabensammlung zu den gewöhnl. und partiellen Differentialgleichungen
1061 Grodzinski, Getriebelehre I
1065 Haller, Von den Karolingern zu den Staufern
1070 Sauter, Differentialgleichungen der Physik
1078 Troche, Stahlbetonbau
1082 Hasse-Klobe, Aufgabensamml. zur Höheren Algebra
1084 Nußelt, Technische Thermodynamik I
1085 Lietzmann, Zeitrechnung
1086 Müller, Dt. Dichten u. Denken

1088 Preller, Geschichte Englands II
1092 Wickop, Fenster, Türen, Tore
1094 Hernried, System. Modulation
1099 Hoheisel, Integralgleichungen
1105 Hartung, Dt. Geschichte im Zeitalter der Reformation
1108 de Boor-Wisniewski, Mittelhochdeutsche Grammatik
1109 Knopp, Elemente der Funktionentheorie
1111 Naumann-Betz, Althochdeutsches Elementarbuch
1113/1113a Strubecker, Differentialgeometrie I
1114 Schubel, Englische Literaturgeschichte I
1115 Ranke, Altnord. Elementarbuch
1116 Schubel, Englische Literaturgeschichte II
1117 Haller, Eintritt der Germanen in die Geschichte
1121 Naumann, Dt. Dichten und Denken
1122 Feist, Sprechen u. Sprachpflege
1123/1123a Bechert-Gerthsen, Atomphysik III
1124 Meissner, Englische Literaturgeschichte III
1125 Lehnert, Altengl. Elementarbuch
1127 Hartmann, Geschlecht und Geschlechtsbestimmung im Tier- und Pflanzenreich
1128 Buchner, Symbiose der Tiere mit pflanzl. Mikroorganismen
1130 Dibelius, Jesus
1131 Scholz-Schoeneberg, Einführung in die Zahlentheorie
1132 Frühauf, Überspannungen und Überspannungsschutz
1134 Kuckuck, Pflanzenzüchtung I
1135 Lehnert, Beowulf
1136 Meissner, Englische Literaturgeschichte IV
1137 Heil, Entwicklungsgeschichte des Pflanzenreichs
1138 Hämmerling, Fortpflanzung im Tier- und Pflanzenreich
1140 Unger, Induktionsmaschinen
1141 Koller, Hormone
1142 Meissner-Lehnert, Shakespeare
1144 Gehler-Herberg, Festigkeitslehre I
1145/1145a Herberg-Dimitrov, - II
1146 Humburg, Synchrone Maschine
1147 v. Waltershausen, Kunst des Dirigierens
1148 Pepping, Der polyphone Satz I
1151 Nußelt, Technische Thermodynamik II
1152 Dehnert, Verkehrswasserbau III
1153 Mellerowicz, Allgem. Betriebswirtschaftslehre II
1154 Mellerowicz, — III
1155 Schwartz, Mikrobiologie I
1156/1156a Meinke, Komplexe Berechn. der Wechselstromschaltungen
1157 Schwartz, Mikrobiologie II
1158 Mayrhofer, Sanskrit-Grammatik
1159 Jungbluth, Gießereitechnik I
1160 Dibelius-Kümmel, Paulus
1161 Kaestner, Spinnentiere
1162 Seidel, Entwicklungsphysiolog. der Tiere I
1163 Seidel, — II
1164/1164a Pepping, Der polyphone Satz II
1165/1165a Bechert-Gerthsen, Atomphysik IV
1169 Paulsen, Allgemeine Volkswirtschaftslehre I
1170 Paulsen, — II
1178/1178a Kuckuck, Pflanzenzüchtung II
1179/1179a Strubecker, Diff. Geometrie II
1180/1180a Strubecker, — III

AUTORENREGISTER

Adler 6
Altheim 2, 4
Apel 2
Asmus 8
Bahrdt-Scheer 8
Baldus-Löbell 7
Bechert-Gerthsen 7
Beer-Meyer 5
Behn 3
Berneker-Vasmer 5
Betz 5
Bieberbach 7
Biehle 4
Blümcke 8
Böhm 7
de Boor-Wisniewski 5
Borchers 10
Brandenstein 5
Braun-Klug 8
Brauns-Chudoba 9
Bruhns-Ramdohr 9
Buchner 8
Buchwald 9
Capelle 2
Dahrendorf 2
Dannenbauer 3
Dassler 8
Debrunner 5
Dehnert 11
Dibelius 2
Dibelius-Kümmel 2
Döring 7
Dovifat 5
Eckert-Greifendorff-Kleffner 5
Ehrlich 2
Ekwall 4
Ende, vom 10
Engel 10
Erismann 2
Fauser 9
Feist 4
Fleischhauer 4
Frühauf 10
Gehler-Herberg 11
Geitler 8
Gottschald 4
Graf 11
Grodzinski 10
Gruner-Deckert 9
Haack 6
Haller 3
Hämmerling 8
Hannemann 9
Hartmann 8
Hartung 3
Hassak-Beutel-Kutzelnigg 8
Hasse 6
Hasse-Klobe 6
Haussner 6
Heil 8
Hempel 4
Henglein 9
Herberg-Dimitrov 11
Hernried 3
Herter 8
Hoffmann-Debrunner 5
Hofmann 6
Hofstätter 2
Hofstaetter-Spree 4
Hoheisel 6
Hoppe 7
Humburg 9
Huttenlocher 9
Jacob 3
Jacob-Weden 4
Jaeckel 9
Jaeger 5
Jander-Jahr 7
Jantzen 4
Jiriczek 4
Jaspers 2
Jungbluth 10
Kaestner 8
Kamke 6
Kesselring 10
Kirn 3
Kleinlogel 11
Klemm 7
Knopp 6
Koch 2
Kolb 4
Koller 8
König 7
Körting 11
Krahe 4
Kranefeldt 2
Kropp 2
Krug 5
Krull 6
Kuckuck 8
Landmann 2
Langosch 4
Lausberg 5
Lehmann 2
Lehnert 4,5
Leisegang 2
Lengerken, von 8
Lietzmann 3
Lockemann 7
Lotze 9
Ludin-Borkenstein 11
Lüdemann 8
Ludz 3
Mahler 7
Marcard-Beck 10
Matthes 10
Mayrhofer 5
Megede, zur 10
Meinke 10
Meissner 5
Mellerowicz 5
Moede 2
Mohr 9
Moser 3
Müller G. 4
Müller W. 10
Müller-Schulze 10
Mutschmann 4
Naumann 4
Naumann-Betz 5
Neger-Münch 8
Nestle 5
Niese-Dienst 11
Niese-Küchler 11
Nußelt 11
Oehlmann 3
Paulsen 5
Pepping 3
Pirani 9
Preller 4
Quelle 5
Ranke 4
Reichenow 9
Ringleb-Bürklen 6
Roth 8
Rumpf 3
Sauter 7
Schäfer 10
Scharrer 9
Schilling 2
Schirmer 4
Schlenk 7
Schmidt 11
Scholz-Schoeneberg 6
Schubel 5
Schubert 3
Schulze 7
Schwaiger 10
Schwartz 8
Sedlaczek 10
Seidel 8
Simmel 2
Sperber 4
Stolberg-Wernigerode, zu 4
Stolz-Debrunner 5
Strubecker 7
Tafel 11
Teichmann 11
Thum-Meysenbug 10
Tochtermann 10
Tölke 11
Treue 3
Troche 11
Unger 10
Valentiner 7
Vogel 9
Vossler 5
Waltershausen, von 3
Weigert 3
Weimer 2
Werkmeister 7
Wickop 11
Wiese, von 2
Wisniewski 4
Witting 6
Zietemann 10
Zipperer 10

Kolibri 360 GmbH
Ferdinand-Jühlke-Straße 7
99095 Erfurt, Deutschland
produktsicherheit@kolibri360.de